# LE GUIDE
# DE LA DÉCORATION

EMMA SCATTERGOOD

# LE GUIDE
# DE LA DÉCORATION

*finitions et*
*revêtements*

EVERGREEN

EVERGREEN is an imprint of
Benedikt Taschen Verlag GmbH

© 2001 pour cette édition :
Benedikt Taschen Verlag GmbH
Hohenzollernring 53, D–50672 Cologne

Copyright © 2000 The Ivy Press Limited
Conçu, créé et publié par :
© The Ivy Press Limited
The Old Candlemakers, West Street
Lewes, East Sussex BN7 2NZ

Traduction de l'anglais : Joëlle Créma,
Aline Gracias et Anna Guillerm
pour LocTeam, S.L., Barcelone
Rédaction et mise en page :
LocTeam, S.L., Barcelone
Conception de la jaquette : Catinka Keul, Cologne

Printed in China

ISBN 3-8228-1184-X
10 9 8 7 6 5 4 3 2 1

# sommaire

# introduction

La décoration intérieure a connu un formidable bouleversement ces dix dernières années, et notamment les cinq dernières : elle est devenue un plaisir.

Avant, la « déco » était perçue comme un domaine réservé aux plus fortunés, et malgré les efforts déployés par les gourous du style tels que Terence Conran, elle ne faisait pas partie des préoccupations majeures du propriétaire moyen. C'était davantage du bricolage que de la décoration intérieure. Et puis les choses ont commencé à changer.

Dans les années 80, des magazines sur le sujet sont apparus et se sont multipliés, puis le grand boom est venu avec la télévision. Des programmes de conseil en décoration intérieure ont été diffusés à des heures de grande écoute, rendant ainsi célèbres les noms de décorateurs auparavant inconnus et menant à la création de nouvelles gammes de peintures et de papiers peints.

*En couleurs vives bien assorties ou en pastels plus neutres, la salle à manger se met sur son trente et un.*

Aujourd'hui, tout le monde a envie d'un bel intérieur, qu'il s'agisse d'un studio ou d'un F5 ; et nous pouvons tous combler ce désir : il suffit d'un peu de confiance et de conseils avisés, ce à quoi est dédié ce livre.

La télévision offre souvent des exemples de décoration alliant commodité, qualité et solidité, ce qui n'est pas aussi facile à obtenir quand la pièce dont il s'agit est aussi le lieu où l'on vit. Cet ouvrage part du principe que si vous investissez dans la décoration, vous attendez non seulement que votre maison soit belle, mais également qu'elle ait du style. Il est par

*Le dernier cri en terme d'élégance et de simplicité : la couleur crème. Le tableau devient le point central de ce salon.*

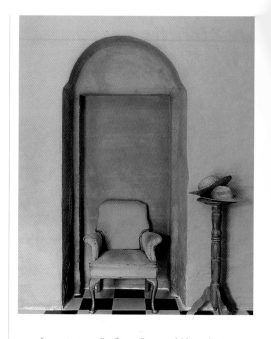

*La couleur de cette alcôve se marie avec le ton de la pièce et crée un contraste, qui est contrebalancé par la couleur de la chaise, similaire à celle des murs.*

*Les couleurs bleues de cette salle de bain moderne ne donnent pas la sensation d'une pièce froide.*

conséquent rempli d'excellentes idées dont vous pourrez vous inspirer pour toute la maison, mais aussi de conseils pratiques pour juger la résistance d'un revêtement et savoir s'il est adapté à une pièce, ainsi que des astuces d'entretien. Chaque chapitre contient également un tableau d'application très simple qui explique rapidement et clairement si tel ou tel matériau convient dans tel ou tel cas.

Il existe différents types de revêtements pour la décoration et les finitions des plafonds, murs, plans de travail, charpentes et sols. La façon dont vous utiliserez chacun de ces revêtements donnera à

peinture

peinture à effet

plâtre

papier peint

carrelage

bois

métal

votre pièce un certain style et assurera sa réussite. Ce livre vous aide à choisir le style qui convient à chaque pièce. Son utilisation ne requiert aucune connaissance en bricolage et il apporte de nombreuses réponses aux questions très courantes que l'on n'ose pas poser dans un magasin spécialisé, telles que : « Quelle est la différence entre une peinture à l'huile et une peinture à l'eau ? » ou « avec quel type de carrelage revêt-on le sol ? »

Le livre est divisé en huit parties, repérables par des onglets pour faciliter son emploi. Les sept premières passent en revue peinture, finitions de peinture, plâtre, papier peint, carrelage, bois, métal et verre. La dernière se penche individuellement sur différentes pièces de la maison et donne conseils et idées pour réussir la décoration de chacune d'elles.

Vous trouverez également dans chaque chapitre deux projets à réaliser vous-même, avec toutes les instructions vous permettant d'obtenir un résultat professionnel. Ces projets expliquent la marche à suivre de tâches variées : créer des effets de peinture et des finitions au plâtre variées ; réaliser un miroir bordé de mosaïque et carreler un sol entouré d'une frise ; peindre un parquet pour le rajeunir ; changer l'aspect d'une porte de placard classique grâce à un décor en métal et décorer une vitre en la gravant afin de créer une atmosphère plus intime.

Afin de vous aider à bien associer les couleurs, un grand nombre de conseils concernant la combinaison des tons ont été rassemblés, ainsi qu'une roue de couleurs et des explications sur la différence entre ce

que l'on appelle couleurs chaudes et couleurs froides. Vous trouverez également des suggestions sur les couleurs qui se marient le mieux et dans quel type de pièce. Quantité d'astuces vous permettent de glaner des idées supplémentaires pour parfaire le résultat. À la fin de chaque chapitre, vous trouverez d'autres suggestions concernant l'association de tel revêtement avec tel matériau, afin que votre pièce ait exactement l'aspect que vous désirez.

Si la décoration de votre maison vous effraie, ce livre vous aidera à prendre des décisions plus facilement et à éviter des erreurs coûteuses. Bonne chance !

## DIFFICULTÉ DES PROJETS

| Facile | Moyen | Difficile |

Pour des résultats dignes d'un professionnel, utilisez des outils de bonne qualité.

# peinture

**LA PEINTURE** fait souvent bien plus que de changer une pièce ; elle peut influencer votre humeur. C'est un revêtement qui vous permet d'être créatif et même audacieux. Il existe une quantité presque infinie de coloris, et un amateur en bricolage peut s'aventurer à peindre, dans une même pièce, un mur d'une couleur différente des autres. Vous gagnerez très rapidement en confiance et commencerez à utiliser la peinture pour transformer vos meubles, vos carrelages et même vos sols.

# principes

## CONNAÎTRE LA PEINTURE

Les rayons des magasins de bricolage présentent une telle variété de peintures que
l'on peut être dérouté. Voici donc un ré-
sumé de la composition des différentes peintures
et de la façon dont vous devrez les utiliser.

Chaque peinture est composée d'un pigment (pour
la couleur), de liants (pour l'adhérence au support) et
de solvants, eau ou white-spirit selon qu'il s'agit d'une
peinture à l'eau ou à l'huile. Elle peut aussi contenir des
produits chimiques qui accélèrent le séchage et parfois
un pigment de charge pour réduire encore le processus.

Avant de peindre, il faut comprendre la différence
entre peinture à l'huile et peinture à l'eau ou émulsion
(*voir* pages 14–17). La peinture à l'huile a une forte
teneur en résine et présente une fois
sèche un fini résistant et brillant. Elle
convient parfaitement aux supports
tels que le bois et le métal, qui nécessitent une protection spéciale contre
les chocs et les agressions de l'eau.
L'aspect de la peinture à l'eau est plus
mat et son coût moindre la destine
davantage aux murs et plafonds.

*La couleur choisie pour les
murs et le plafond détermine
le style et l'atmosphère
d'une pièce.*

## SOUS-COUCHES
## ET FIXATEURS

Certaines surfaces doivent recevoir
une sous-couche ou un fixateur

vant d'être peintes, afin d'acquérir une meilleure finition et de couvrir une plus grande surface. Grâce aux sous-couches, la peinture adhère mieux, rendant le travail sur des matériaux tels que l'aggloméré, le bois et le Placoplâtre plus facile ; les fixateurs ajoutent une couche imperméable (sur plâtre et bois par exemple) afin que le support ne boive pas la peinture. Demandez conseil au vendeur de votre magasin pour choisir entre les différents types de sous-couche et fixateur et suivez les instructions du fabricant.

pinceau

petit rouleau

## ASTUCES POUR UN RÉSULTAT PARFAIT

Achetez des pinceaux de bonne qualité, qui ne perdent que très peu de leurs poils et durent plus longtemps.

Pour les grandes surfaces, utilisez un rouleau pour gagner du temps. Un manchon à poils moyens convient mieux pour les peintures à l'eau et un manchon à poils courts pour celles à l'huile. Les rouleaux de petit diamètre peuvent être glissés derrière les radiateurs, ce qui évite de démonter ceux-ci du mur.

Essayez autant que possible de peindre de jour, car la lumière artificielle empêche parfois de juger si la peinture a été appliquée uniformément.

Si vous devez remettre votre tâche au lendemain, ne lavez pas vos pinceaux et rouleaux mais enveloppez-les dans du cellophane et mettez-les au réfrigérateur.

*Des outils de qualité permettent d'obtenir des résultats professionnels.*

### ENTRETIEN

Une surface sur laquelle a été appliquée une peinture à l'eau mate doit être nettoyée avec précaution car la peinture peut s'en aller. Vous pouvez ôter les taches sur des petites surfaces avec un détergent en crème, autour d'une poignée ou d'un interrupteur par exemple. Les peintures pour salle de bain et cuisine sont plus résistantes et les peintures à l'huile telles que la laque et la peinture satinée se nettoient facilement avec un chiffon humide et un détergent en crème.

# peinture à l'huile

Avec leur large éventail de coloris et leurs diverses compositions permettant une application sur de nombreux matériaux, les peintures à l'huile présentent de plus en plus d'intérêt. De par leur forte teneur en résine et leur fini résistant et brillant, elles servent en majeure partie pour la boiserie (plinthes, encadrements de fenêtres et portes), mais on peut aussi les appliquer sur du carrelage et sur la mélamine. Cependant, le temps des plinthes blanches et brillantes est terminé depuis longtemps. Les murs ne font plus ombrage à la boiserie ; aujourd'hui, la boiserie a une existence propre. Les nouveaux coloris vous permettent de créer de vifs contrastes avec les peintures environnantes ou de choisir une teinte à la nuance subtile.

*Les peintures à l'huile sont idéales pour les boiseries, telles que les encadrements de fenêtres, les plinthes et même les parquets.*

*Une couche de peinture satinée ou de laque permet de rajeunir une cuisine.*

peinture laque

Il existe différents types de peintures à l'huile, chacune étant destinée à une application ou à un fini particuliers. Toutes ces peintures contiennent du white-spirit et ne sont donc pas solubles dans l'eau ; les pinceaux doivent être nettoyés au white-spirit.

■ **LAQUE LIQUIDE** Essentiellement destinée au bois et aux métaux. Requiert une sous-couche. Couvre environ 17 m²/litre.

■ **SATINÉE** Aspect moins brillant que la laque mais plus parfait. Idéale pour la boiserie. Ne requiert pas de sous-couche. Couvre environ 17 m²/litre.

■ **LAQUE QUI NE COULE PAS** Texture visqueuse semblable à un gel qui ne coule pas (idéale pour les portes). Ne requiert pas de sous-couche, sauf pour le bois. Couvre environ 12–15 m²/litre.

*Certains fabricants de peinture commercialisent le même coloris en peinture à l'eau et en peinture à l'huile, ce qui permet d'appliquer la même couleur sur les murs et les boiseries.*

■ **LAQUE MONOCOUCHE** Applicable sur la plupart des supports en une seule couche. Plus épaisse que la laque qui ne coule pas. Couvre environ 10 m²/litre.

■ **PEINTURE À L'HUILE COQUILLE D'ŒUF** Cette peinture présente un aspect moins brillant que la satinée. Moins résistante et d'entretien plus difficile. Ne requiert pas de sous-couche, mais application de deux couches nécessaire. Couvre environ 16 m²/litre.

peinture laque

# peinture à l'eau

Avec la grande variété de teintes qu'offre la peinture à l'eau, transformez une pièce en deux temps trois mouvements : blanc, bleu clair, orangé vif ou chocolat. Elle est de toutes les peintures la plus amusante à appliquer. Les gros fabricants de peinture produisent aujourd'hui une gamme incroyablement complète de coloris, mais vous pouvez tout à fait repeindre les murs de votre chambre de la couleur exacte de votre rouge à lèvre si vous le désirez : allez dans une grande surface de bricolage avec dans votre sac un échantillon, faites-le analyser par ordinateur et assistez à la création de votre peinture. Pensez à acheter une quantité de produit un peu plus grande que nécessaire et demandez que le mélange soit effectué en une seule fois afin d'éviter des variations dans la teinte.

L'esthétique et la commodité sont vos priorités. Si la facilité d'entretien n'est pas votre préoccupation principale, vous avez l'entière liberté de choisir une peinture mate ou satinée. Les peintures mates sont appropriées dans une maison d'époque qui requiert un style ancien. De nombreuses entreprises élaborent aujourd'hui des gammes de coloris mats traditionnels imitant les couleurs utilisées dans les demeures classées. Les teintes satinées conviennent mieux à des pièces modernes et sont plus commodes du point de vue de l'entretien.

*Un rouge chaleureux convient parfaitement à une salle à manger. On dit que la couleur rouge stimule l'appétit et l'ambiance agréable fait se prolonger les repas.*

■ **PEINTURE À L'EAU VINYLIQUE MATE** Ne requiert pas de sous-couche. Très employée pour murs et plafonds. Fini mat qui dissimule la plupart des imperfections. Couvre environ 14–15 m²/litre.

■ **PEINTURE À L'EAU VINYLIQUE SATINÉE** Fini satiné, idéal pour les murs qui requièrent d'être nettoyés (dans une chambre d'enfants par exemple), mais toute imperfection de la surface reste apparente. Ne requiert pas de sous-couche. Couvre environ 13–14 m²/litre.

■ **PEINTURE À L'EAU SOLIDE** Disponible en mat et en satiné, cette peinture est vendue dans une palette, prête à l'application au rouleau. Sa texture moins liquide en fait le produit idéal pour les plafonds. Couvre environ 12 m²/litre.

*Lorsque vous choisissez vos peintures, pensez au coloris des pièces que l'on peut voir en même temps et faites en sorte que les couleurs se marient plutôt que de créer un contraste trop fort.*

peinture à l'eau

# peintures
# à effet

spalter à lisser

*Les peintures à effet pour les sols sont conçues pour permettre une excellente résistance avec une seule couche.*

Les émissions de télévision dédiées à la décoration intérieure nous encouragent souvent à nous montrer plus audacieux avec la peinture. De cette évolution est née la création de peintures à usage spécial qui nous aident à transformer une pièce plus facilement. Il y a des peintures pour tout, des cuisines en mélamine aux carrelages de salle de bain.

Le glamour a envahi le monde de la décoration intérieure. Dans les années 80, on rêvait assez peu de faire scintiller ses murs, mais en ce début de XXIe siècle, on court après tout ce qui brille, la preuve en est la profusion de peintures à effet dans les magasins. Pour ceux aux goûts moins outranciers, la mode des teintes et des textures neutres et simples a abouti à la création de peintures au toucher plutôt agréable. Avec un pot de peinture, créez un effet

daim ou jean en quelques coups de pinceau ; et le choix est presque infini.

Voici une sélection des peintures à effet les plus pratiques :

■ **PEINTURE ANTI-CONDENSATION** Résistante à l'humidité ; utile dans les pièces exposées.

■ **PEINTURE POUR CARREAUX** Deux sous-couches nécessaires. Carrelages de salles de bain et cuisine.

■ **MÉLAMINE** Parfait pour la transformation de vielles pièces en chambres et cuisines. Une sous-couche.

■ **PEINTURE POUR LE SOL** Pour planchers, béton, pierre ou brique. Laquée et résistante (16 heures pour le séchage).

■ **FINITIONS ET VERNIS** Tous les effets sont possibles, de l'aspect daim à l'effet chiffon sur murs et boiseries ; il suffit de les appliquer au pinceau.

*Pochoirs et timbres vous permettront d'égayer une chambre d'enfants. Vous pouvez utiliser de la peinture à l'eau mais il existe aussi des peintures spéciales destinées à ces menus travaux, vendues en petits pots.*

peinture pour le sol

# les couleurs chaudes

Le choix d'un coloris devient beaucoup plus divertissant et intéressant si vous êtes au préalable conscient que le monde des couleurs se divise en deux : les couleurs chaudes et les couleurs froides. Le tableau page 24 vous donne un aperçu immédiat de cette division : la partie couleurs chaudes contient le rouge et le jaune ; la partie couleurs froides le vert et le bleu. La division est basée sur notre perception des couleurs et sur leur effet psychologique. Les couleurs influent sur les humeurs et ces effets sont exploités depuis longtemps. Pourquoi les salles à manger sont-elles traditionnellement peintes en rouge ? Parce qu'un dîner aux chandelles y devient plus beau, la chaleur dégagée donne envie de rester à table et, dit-on, le rouge stimule l'appétit.

Ainsi, peignez une pièce qui reçoit peu de lumière avec des teintes gaies telles que l'orange, le

les couleurs chaudes

*Particulièrement appropriés pour une chambre, l'ocre brun et le rose confèrent à une pièce une ambiance accueillante et intime à laquelle tout type de lumière conviendra.*

*Choisissez la couleur des murs en fonction de celle de vos meubles.*

*Les teintes chaudes telles que la couleur sable, l'ocre et les verts clairs se complètent et créent une combinaison de couleurs équilibrée.*

rouge ou le doré, et vous réaliserez comme elle gagnera en chaleur. Les couleurs chaudes apportent confort à un salon, intimité à une chambre et luminosité à une entrée.

Vous pouvez également utiliser des couleurs chaudes pour camoufler les défauts d'une pièce et rendre ses dimensions plus équilibrées. L'un des effets de ces couleurs est de donner l'impression de venir vers vous, donc si une pièce est longue et étroite, peignez les murs des extrémités avec des coloris plus chauds pour réduire la sensation d'éloignement. Procédez de même pour un plafond trop haut, qui donnera ainsi l'impression d'être plus bas.

# les couleurs froides

Les couleurs froides sont composées des bleus, des verts et des violets, bien que le violet puisse également être une couleur chaude selon la proportion de rouge et de bleu qu'il contient (un violet-bleu paraît froid, un violet-rouge plus chaud).

On cherche généralement à donner un aspect plus chaleureux à une pièce plutôt que l'inverse, mais n'oubliez pas l'autre moitié de la roue, car le vert et le bleu peuvent vous permettre de créer des ambiances élégantes et relaxantes. L'association avec la mer, le ciel et la nature confère à ces couleurs un pouvoir apaisant, ce qui explique peut-être pourquoi elles sont couramment utilisées dans les hôpitaux et pourquoi le vert est fréquent dans les bureaux.

On remarque un retour à la mode du vert menthe (ou citron vert) et du violet. La combinaison

les couleurs froides

*Les couleurs lavande et lilas découlent du bleu. Elles offrent un aspect frais et moderne. Les violets, qui contiennent plus de rouge, peuvent apporter de la chaleur à une combinaison de couleurs.*

de ces coloris a envahi la maison moderne, de la salle de bain à la cuisine en passant par le salon. Les couleurs froides conviennent à la plupart des pièces, à condition que celles-ci reçoivent suffisamment de lumière. Dans une pièce où ne rentre que peu de lumière naturelle, préférez les couleurs chaudes, mais dans une pièce baignée de soleil toute la journée, tentez des pastels dans les couleurs froides ; l'ambiance sera tout aussi accueillante.

*Le vert est une couleur apaisante qui convient particulièrement bien là où il y a du passage, dans un hall d'entrée par exemple.*

*Les verts et les bleus créent un espace vaste et aéré et fonctionnent dans les maisons modernes comme dans les plus traditionnelles.*

Les couleurs froides permettent d'agrandir une pièce car elles semblent reculer. Un plafond peut paraître plus haut si vous le peignez d'une couleur plus froide que les murs. Les options sont tellement nombreuses que vous trouverez certainement une meilleure idée qu'un blanc neutre...

# combinaisons
# de coloris

Si la peinture est le revêtement que vous avez choisi, usez de votre flair et prenez confiance en vous. C'est là que la roue de couleurs entre en scène, pour vous aider à combiner harmonieusement les coloris dans n'importe quelle pièce. En effet, elle permet tout d'abord de distinguer les couleurs chaudes des froides, mais également de créer des combinaisons.

*Les couleurs appartenant à deux côtés différents de la roue sont dites complémentaires ou contrastées. Celles qui se trouvent d'un même côté sont harmonieuses.*

## COMBINAISONS CONTRASTÉES

Les couleurs appartenant à deux côtés différents de la roue sont dites contrastées ou complémentaires. La combinaison de deux couleurs contrastées telles que le bleu et l'orange produit à coup sûr un effet vif et gai, mais veillez à ne pas les appliquer en proportions égales. Faites toujours dominer l'un des coloris.

## COMBINAISONS HARMONIEUSES

Les couleurs se trouvant du même côté de la roue sont dites harmonieuses. Bleu-vert ou jaune-orange sont deux combinaisons harmonieuses fréquemment employées. L'association de couleurs froides harmonieuses rend une pièce plus spacieuse et une grande pièce peinte en couleurs chaudes, rouge et doré par exemple, procure une sensation apaisante.

## COULEUR UNIQUE

Si l'idée de mélanger et d'associer les couleurs vous effraie, pourquoi ne pas opter pour un seul coloris ? Cela ne signifie pas que toute la pièce sera exactement de la même couleur : choisissez différentes nuances pour les murs, le sol et les meubles.

## COULEUR SUPPLÉMENTAIRE

Toute combinaison peut accueillir une troisième couleur pour peu qu'elle soit discrète. Il peut s'agir aussi bien d'une couleur harmonieuse que d'une contrastée. Essayez avec un échantillon de chaque pour vous faire une idée de l'effet obtenu, souvent une touche de gaieté. Des nuanciers de couleurs peuvent vous aider à associer les tons.

*Cette salle de bain étonnante doit sa réussite à l'association harmonieuse de différentes teintes du même coloris.*

*Les stores et la note de couleur des fleurs ressortent sur les murs de couleur neutre.*

# combinaisons

Le charme de la peinture vient de sa versatilité et de son alliance parfaite avec tout type de revêtement. Il vous suffit de choisir le coloris et le type de peinture qui sera en accord avec ce dernier et avec le style de votre pièce.

*La peinture se marie très bien avec la pierre, le papier et le bois. Veillez juste à choisir des coloris qui se combinent avec ceux des autres revêtements.*

*Ici, le papier peint et la boiserie peinte s'allient parfaitement. La partie inférieure du mur est plus facile à entretenir et donc plus commode que le somptueux papier au-dessus.*

## PEINTURE ET PAPIER PEINT

Pour le revêtement de vos murs, la combinaison peinture-papier peint est très pratique, puisqu'elle donne un style différent, permet l'ajout d'une couleur et vous évite la pose de papier du sol au plafond. Dans une maison de style traditionnel, vous pouvez appliquer le papier du plafond à mi-hauteur et la peinture en dessous. Votre mur gagne en cachet et en commodité d'entretien puisque vous pourrez repeindre la partie la plus exposée aux accrocs tandis que le papier, plus coûteux, restera hors d'atteinte.

Pour une approche plus moderne de cette combinaison, il est possible de choisir l'un des deux revêtements pour un mur entier afin de créer une toile de fond différente mais complémentaire dans un même espace. Ce style suit le mouvement vers les espaces non cloisonnés, vous permettant de délimiter un grand espace, la salle à manger par exemple, et de créer des ambiances diverses.

## PEINTURE ET MATÉRIAUX NATURELS

Le bois, l'ardoise et la pierre conviennent à tous types de décors et peuvent être associés à n'importe quelle couleur. Veillez tout de même à choisir un coloris qui se marie avec la couleur naturelle du matériau. La teinte du pin se combine bien avec les dorés, mais une note de couleur contrastée évitera la dominance excessive du jaune. Les bois foncés comme l'acajou rendront très bien avec des rouges et des jaunes, mais veillez à ce que votre pièce ne soit pas trop sombre. Pensez qu'en général le bois et la pierre accueillent plus facilement les peintures mates que les laquées.

*Ici, la teinte orangée du pin est tempérée par la peinture bleue choisie pour les escaliers, coloris qui se marie avec les boiseries du reste de la pièce.*

## PEINTURE, VERRE ET MÉTAL

Une pièce où domine le verre et le métal a souvent un style contemporain. Il peut s'agir d'un entrepôt ou d'un grenier reconvertis avec des extensions en verre et en métal, ou d'une cuisine moderne avec des équipements en acier inoxydable et des étagères en verre. Dans tous les cas, la peinture sera le revêtement parfait en terme de texture et de couleur. Pour un look frais et minimaliste, choisissez une variation de blancs ; pour un style plus original, une teinte foncée et précieuse.

*Les lignes modernes et géométriques de cette véranda sont adoucies par le vert plus traditionnel des boiseries.*

*pinceaux*

# UN MUR RAYÉ

*Transformez votre mur en œuvre d'art en le couvrant de rayures de tons différents. Vous rendrez votre pièce plus vivante et lui donnerez de la hauteur. Ici, huit nuances de rose ont été utilisées, du rose bonbon éclatant au rose clair pastel. Chaque couleur a été élaborée à partir d'une seule teinte mais varie en intensité.*

## MATÉRIEL

- Mètre à ruban
- Crayon
- Fil à plomb
- Craie
- Papier-cache adhésif
- Pinceau de taille moyenne
- Petit pinceau pour les bordures
- 8 petits pots de peinture à l'eau vinylique aux tons proches les uns des autres

## MARCHE À SUIVRE

■ Travaillez sur un support propre et sec. S'il est mat et de couleur pâle, une sous-couche supplémentaire n'est pas nécessaire. Mesurez la surface à peindre et divisez-la en huit afin de calculer l'espace correspondant à chaque teinte et la quantité de peinture nécessaire. La plus petite quantité disponible est souvent le demi-litre, que l'on utilise rarement entièrement, mais il est aussi possible de trouver des pots plus petits. En général, la plupart des pots de peinture d'un demilitre couvrent entre 6 et 7 m$^2$. À moins que votre mur ne soit immense, il est peu probable que vous utilisiez toute cette quantité.

■ Mesurez la largeur du mur et divisez-la en huit pour obtenir la largeur de chaque rayure. Marquez le bord de la première avec de petites marques au crayon en haut et en bas du mur. À l'aide du fil à plomb bien appuyé contre le mur, tracez à la craie une ligne joignant les repères au crayon. En suivant la ligne, appliquez du papier-cache adhésif le long du bord extérieur de la rayure. Répétez pour chaque rayure.

■ Choisissez dans quel ordre vous désirez appliquer les couleurs et peignez la première rayure avec le pinceau de taille moyenne, en procédant lentement au niveau de l'adhésif. Laissez sécher, décollez la première bande et faites la deuxième rayure. Lorsque vous avez réalisé les huit rayures et terminé votre mur, effectuez les finitions des bords ou cachez les taches éventuelles à l'aide du petit pinceau.

peinture coquille d'œuf    paille de fer    peinture coquille d'œuf

# PEINDRE
# VOS MEUBLES

*La peinture peut également être employée pour donner un aspect particulier à un meuble. Le « chic vieilli » est une mode qui n'est pas près de disparaître. Vous allez pouvoir transformer un meuble banal (il s'agit ici d'un petit placard bon marché) en un objet qui donnera l'impression d'avoir appartenu à plusieurs générations.*

## MATÉRIEL

- *Un petit placard en bois*
- *Papier de verre fin*
- *Peinture de sous-couche*
- *Première couche*
- *2 couleurs contrastées de peinture coquille d'œuf*
- *Pinceau de taille moyenne*
- *Petit pinceau*
- *Paille de fer fine*
- *Vernis mat ou satiné*

## MARCHE À SUIVRE

■ Si le bois n'est pas peint, frottez-le légèrement avec le papier de verre puis appliquez une sous-couche et laissez sécher. Passez une première couche mince. Laissez sécher complètement (une nuit entière éventuellement).

■ Appliquez une couche de la première couleur, c'est-à-dire de celle qui apparaîtra dans les zones « vieillies ». Il s'agit ici du vert.

■ Une fois cette couche sèche, appliquez dessus la deuxième couleur, ici le jaune vif.

■ Laissez sécher complètement et frottez à la paille de fer les zones qui sont normalement les plus exposées à l'usure : autour des poignées, les coins du meuble et ceux de la porte. Travaillez avec précaution car l'effet recherché est un style légèrement vieilli et non un contraste marqué de couleurs.

■ Lorsque l'aspect de votre meuble vous satisfait, débarrassez-le des poussières à l'aide d'un chiffon sec propre et appliquez pour finir une couche de vernis mat ou satiné pour protéger la peinture.

| REVÊTEMENT | APPLICATIONS |
| --- | --- |
| **LAQUE**<br>Peinture à l'huile | Généralement appliquée sur bois et métal pour un effet brillant, résistant à l'eau et aux produits de nettoyage peu agressifs. Sous-couche nécessaire. |
| **PEINTURE SATINÉE**<br>Peinture à l'huile | Fini moins brillant et plus raffiné que la laque. Convient pour les boiseries telles que les tablettes de cheminée, les plinthes ou les rebords de fenêtre. Pas de sous-couche. |
| **COQUILLE D'ŒUF**<br>Peinture à l'huile | Approprié aux demeures anciennes dans lesquelles une laque satinée paraîtrait trop « moderne ». La peinture coquille d'œuf donne un aspect moins brillant que la peinture satinée, mais elle est moins résistante et plus difficile à nettoyer. Deux couches sont généralement nécessaires. Pas de sous-couche. |
| **PEINTURE À L'EAU VINYLIQUE MATE** | Peinture la plus utilisée pour les murs et plafonds. Aspect mat qui permet de dissimuler de nombreux défauts de surface. Très grand choix de couleurs. Deux possibilités s'offrent à vous : les couleurs élaborées d'avance (les coloris à la mode et les teintes les plus « sûres ») et les peintures à créer vous-même grâce aux mélangeurs de couleurs, disponibles dans certains magasins de bricolage. |
| **PEINTURE À L'EAU VINYLIQUE SATINÉE** | Fini satiné qui convient pour des surfaces nécessitant un nettoyage fréquent, comme dans les cuisines, les salles de bain, les halls d'entrée et les chambres d'enfants. La lumière est davantage réfléchie qu'avec une peinture mate, mais les imperfections du support sont également plus visibles. |

| REVÊTEMENT | APPLICATIONS |
|------------|--------------|
| **PEINTURE POUR CARRELAGE** Changement de la couleur des carrelages de cuisine et de salle de bain | À appliquer après deux sous-couches sur les vieux carrelages de salle de bain et cuisine. Transforme une pièce facilement à moindre coût, mais le revêtement s'en ira rapidement aux endroits soumis à l'usure, une cabine de douche par exemple. Si les carreaux ont des motifs en relief, ceux-ci apparaîtront toujours sous la nouvelle couleur. |
| **PEINTURE POUR SOLS** Peinture à l'huile pour travaux lourds | Applicable sur planchers, béton, pierre ou brique pour un fini laqué résistant convenant parfaitement aux intérieurs modernes ou rustiques. Le choix des couleurs reste assez limité mais le blanc et le noir classiques sont les plus utilisés. Comptez 16 heures de séchage. |
| **SOUS-COUCHE** Couche de préparation à la couche de peinture | Les sous-couches sont appliquées sur des supports non peints en bois, métal ou plâtre, afin d'éviter qu'ils ne « boivent » trop. Vous aurez ensuite besoin d'une quantité moindre de peinture de finition, ce qui signifie une économie de temps et d'argent. La première sous-couche peut être constituée en diluant la peinture de finition avec de l'eau ou du white-spirit (selon qu'il s'agit d'une peinture à l'eau ou à l'huile), mais il est souvent plus économique d'acheter une sous-couche prête à l'emploi. |

# une palette de choix

Les magasins de bricolage nous proposent un choix de peinture toujours plus étendu, et au fur et à mesure que le marché se développe les coloris se font plus extravagants. De l'aspect daim aux effets scintillants, les peintures nous encouragent véritablement à tenter le changement. Notre intérieur peut se métamorphoser à peu de frais et en un clin d'œil.

# peinture :
# finitions

**NE** croyez pas que les effets possibles avec la peinture sont démodés. Ils peuvent constituer la solution idéale pour les surfaces inégales et difficiles, en leur conférant couleur, texture et attrait, et en créant les styles les plus sophistiqués qui soient, tout cela sans vous ruiner. Pour les intérieurs contemporains comme pour les plus traditionnels, une grande diversité de peintures existe sur le marché.

# principes

éponge

chiffon

paille de fer

*Ici, un tableau a inspiré la couleur sable des murs.*

Pour obtenir de bons résultats avec la peinture, le secret est de ne pas en abuser. Une fois la technique acquise, ne succombez pas à la tentation d'exhiber vos talents sur toutes les surfaces. Les meilleurs résultats s'obtiennent lorsque la peinture est employée pour créer un style particulier, ou encore pour camoufler ou mettre en valeur un point spécifique d'une pièce. Un mur à la surface inégale peut être transformé à l'aide d'une couche de couleur, et un meuble de salle de bains en mélamine peut faire peau neuve grâce à un dessus imitant le marbre. Cela dit, associer dans la même pièce des motifs peints au pochoir, au tampon ou à l'éponge aurait pour effet de la surcharger.

N'imitez un matériau que sur une surface sur laquelle celui-ci ne paraît pas incongru. Ainsi, marbrez un sol, un mur ou le pourtour d'une cheminée plutôt qu'une porte en bois. Au XIXᵉ siècle, certains procédaient à des imitations lorsqu'ils disposaient de peu de moyens. Pourquoi pas vous ? Si vous êtes en mal d'inspiration, feuilletez n'importe quel livre sur les maisons de prestige anciennes, ou sur les demeures méditerranéennes pour un style plus simple.

## PRÉPARATION

Avant d'être peintes avec une technique spéciale, toutes les surfaces doivent être préparées. Certaines finitions telles que les marbrures requièrent une

Sur les murs, deux nuances de bleu créent une harmonie avec le bois et les marbrures des carreaux.

spalter à lisser

balancier

surface plus lisse que les lavis, par exemple, qui peuvent servir à recouvrir du plâtre rugueux et à éviter que le regard ne s'attarde sur les irrégularités.

Inutile d'enduire vos murs d'une base de peinture à l'huile, même si vous allez y appliquer un glacis coloré à l'huile (*voir* page 38) : une peinture à l'eau satinée fera très bien l'affaire. La boiserie, elle, nécessite une couche de peinture à l'huile, une peinture coquille d'œuf par exemple.

Au début, commencez plutôt par une base blanche ou crème que vous couvrirez d'un glacis de couleur. Par la suite, vous pourrez expérimenter des bases de couleur plus claires ou plus sombres que le glacis choisi.

## ENTRETIEN

Une peinture couverte d'un vernis acrylique est plutôt robuste et il suffit pour la nettoyer d'y passer un linge humide imbibé de détergent en crème. En l'absence de vernis, vous devrez prendre plus de précautions. L'avantage du lavis est que, donnant aux surfaces un aspect déjà passé et irrégulier, une petite zone usée ne fait guère de différence.

# outils

De nombreux effets peuvent être obtenus avec des outils ordinaires —pinceaux, rouleaux et même des pommes de terre—. Mais certaines finitions sont plus aisées avec un pinceau spécial : pour les lavis essayez un pinceau doux (un blaireau par exemple) d'environ 15 cm de largeur ; pour le lissage, utilisez un pinceau de 15 cm ; enfin, pour veiner, choisissez un pinceau doté d'une longue rangée de poils (un pinceau à crin de cheval).

*Faites l'expérience de mélanger au moins deux couleurs pour obtenir la nuance que vous désirez.*

## PRÉPARER UN GLACIS DE COULEUR

La plupart des techniques de peinture présentées ici nécessitent un glacis. Pour obtenir facilement un glacis de couleur, mélangez du glacis acrylique et de l'eau à raison de 3 volumes pour 1, puis ajoutez peu à peu de la couleur. Deux couleurs différentes seront nécessaires pour obtenir la nuance désirée. Si la couleur est trop soutenue, éclaircissez-la en rajoutant du glacis et de l'eau.

*La peinture permet de créer les effets les plus fabuleux et les plus originaux qui soient. Pour preuve, le jaune brillant de ce couloir lui donne une touche de noblesse.*

## VERNIS

Deux couches de vernis permettent de bien protéger la peinture. Il existe trois types de vernis : mat, satiné ou brillant. Choisissez-les en fonction de la brillance souhaitée. La première couche

appliquée, laissez sécher puis frottez doucement avec du papier de verre spécial trempé dans de l'eau. Si la couleur s'en va légèrement, retouchez-la avant de passer la seconde couche.

*Les murs peints au lavis ont un style informel idéal pour les pièces à vivre.*

## PEINTURES PRÊTES À L'EMPLOI

Si mélanger des couleurs à l'huile avec des glacis vous semble fastidieux, sachez que les fabricants ont pris en considération la nécessité d'une option plus rapide et plus facile. Il existe ainsi des peintures délayées semi-transparentes à base d'eau, qu'on utilise directement pour travailler à l'éponge, au lavis ou au chiffon ; certaines créent un effet bois, d'autres un effet métallique sur les murs, le bois ou le métal, d'autres encore, en vaporisateur, imitent la pierre.

*glacis*

*glacis givré*

# techniques traditionnelles

Depuis que la peinture est utilisée pour décorer les murs, diverses techniques ont été expérimentées. Toutes celles présentées de la page 40 à la page 43 peuvent être employées dans un intérieur ou une pièce traditionnels. Le secret est de choisir le bon coloris pour la couche de base, le glacis ou le tampon, en évitant trop de brillance. Vouloir un effet de patine ne signifie pas qu'il faille nécessairement se cantonner à une palette de rouges et verts foncés victoriens. Ainsi, du temps des rois George I à IV, les nuances étaient pâles et claires. Préférez donc plutôt des coloris subtils au fini mat.

spalter à lisser

pinceau d'art

### LE LAVIS

Cette technique permet un fini sans chichi et fait son effet quelle que soit votre manière de travailler au pinceau. Évitez-la seulement dans les pièces les plus austères. Sur un mur plâtré, roses pâles et ocres bruns créent un style chaleureux et rustique, idéal pour la cuisine d'une maison de campagne. Sur une surface lisse, le lavis renforce la texture et l'intensité de la couleur. Choisissez des jaunes d'or pour une pièce à vivre accueillante, ou des coloris cannelle, rose ou rouge pâles pour créer une atmosphère reposante dans une salle à manger (*voir* page 52).

*Du coloris dépend l'atmosphère de la pièce. Ici, des couleurs acidulées contribuent à créer un style moderne.*

### LE LISSAGE

Cette technique est idéale pour les constructions d'époque, elle fournit un aspect traditionnel au fini plus doux que celui de la peinture seule. Cependant, elle n'est pas indiquée pour les murs rugueux qui rendent le tracé des poils du pinceau irrégulier. Elle est du plus bel effet en dessous d'une cimaise et sur les portes, et peut également être complétée par un vernis.

Peignez d'abord le mur avec une peinture à l'eau vinylique satinée (le blanc convient tout à fait). Appliquez ensuite un glacis coloré (*voir* page 38) à l'aide d'un spalter à lisser de 15 cm, en partant du haut du mur et en descendant le plus doucement possible. Retirez un peu de glacis avec un pinceau de 15 cm, en faisant là encore de longs mouvements réguliers de haut en bas. Couvrez ainsi tout le mur.

*Grâce à la technique du glacis, on peut reproduire le grain du bois et rendre plus attrayants de simples meubles achetés bon marché.*

*Les coloris délavés et pâles sont idéals pour un style traditionnel, car ils donnent l'impression que les couleurs ont passé avec le temps.*

## MARBRURES

La technique des marbrures, qui compte parmi les plus anciennes techniques de peinture décorative, est considérée comme une fausse finition car elle crée l'illusion du marbre sur une autre surface. Pour un résultat convaincant, étudiez le caractère et la couleur du marbre véritable. Cependant, un peu de liberté artistique quant aux couleurs est permise, à condition que les couleurs et l'intensité de la couche de base, du glacis et des veines soient relativement similaires afin de rendre le résultat plus cohérent. Passez une première couche

*Les techniques de peinture peuvent contribuer à harmoniser les différentes surfaces d'une pièce et donnent de la noblesse à de simples boiseries.*

de peinture à l'huile blanche. Préparez un glacis coloré *(voir* page 38) avec lequel vous peindrez les veines. Estompez les bords avec une éponge et uniformisez avec un pinceau sec. Ajoutez un peu de couleur dans le glacis et répétez l'opération. Terminez en passant sur l'ensemble de la surface un pinceau sec.

En ce qui concerne les fausses finitions, la règle d'or consiste à ne travailler que sur des surfaces qui pourraient être faites du matériau imité. Si vous marbrez un mur, divisez-le en pans en définissant des bords avec un pinceau d'art et un glacis d'un ton plus foncé.

éponge à marbrer

### VIEILLISSEMENT

L'effet rendu par une surface récemment peinte n'est parfois pas satisfaisant. Si vous voulez créer un intérieur semblant avoir été habité par votre famille génération après génération, de vos meubles et de vos boiseries doit émaner une même atmosphère. C'est là qu'intervient la technique du vieillissement.

Appliquez une première couche de peinture coquille d'œuf que vous couvrirez d'un vernis coloré (*voir* page 38). Avant qu'il ne soit sec, enlevez avec de la paille de fer une partie du vernis aux endroits qui s'usent d'habitude plus facilement, et passez ensuite un vernis acrylique mat. Un aspect similaire peut être obtenu en appliquant deux couches de peinture à l'eau de couleurs différentes et en vieillissant la surface une fois sèche avec de la paille de fer ou un trousseau de clés pour obtenir un aspect encore plus usé.

paille de fer

*Vieillir le bois de façon à révéler les couleurs cachées sous sa superficie produit un effet accueillant et rustique. Cela donne aussi l'illusion que la surface a été repeinte génération après génération.*

# techniques de style contemporain

Les techniques de style contemporain sont simples mais audacieuses. La tendance s'est éloignée de tout ce qui était surchargé et floral et, en termes de coloris, les tons neutres (du blanc au taupe) s'imposent de plus en plus.

### CIMAISE PEINTE

Peindre un mur de deux couleurs différentes au-dessus et en dessous d'une cimaise rend une pièce plus originale. On peut remplacer la cimaise en peignant une simple bande dotée éventuellement d'une bordure. La cimaise se trouvant généralement à 90 cm de la plinthe, en vous aidant d'une règle et d'un fil à plomb, marquez au crayon la ligne supérieure à cette hauteur et la ligne inférieure 5 cm en dessous. Collez du ruban-cache à faible adhérence le long des bords extérieurs de chaque ligne puis peignez entre elles. Retirez doucement le ruban-cache alors que la peinture est encore fraîche et

*Travailler avec des outils appropriés et tracer des lignes droites en utilisant par exemple du ruban-cache adhésif vous permettra d'obtenir un résultat plus professionnel.*

*Vous pouvez imiter une cimaise en employant une technique de peinture simple mais efficace.*

collez-en à nouveau avant d'appliquer une seconde couche.

## PEINDRE DES RAYURES

Vous pouvez choisir vous-même la couleur de vos rayures et les utiliser pour couvrir des pans entiers de murs si vous en avez l'audace. Des finitions aussi précises requièrent cependant une préparation minutieuse. Peignez d'abord la pièce avec une couche de peinture à l'eau de la plus claire des deux couleurs que vous avez choisies. Pensez ensuite à la forme que prendront vos rayures : elles pourront être droites et verticales, ondulées et horizontales...

Votre choix fait, tracez au crayon des lignes entre lesquelles vous peindrez. Pour des rayures verticales, utilisez un fil à plomb afin de bien aligner les repères, et masquez les bords extérieurs de chaque rayure avec du ruban-cache. Pour des rayures horizontales, faites des points au crayon le long du mur.

*Des rayures peintes à la main donnent à une pièce un style décontracté et vous permettent de varier davantage les couleurs et les motifs qu'avec du papier peint.*

fil à plomb

### CARRÉS PEINTS

Un mur peint de couleur claire est une base idéale pour l'ajout de décorations, particulièrement sur un point de convergence tel que le manteau d'une cheminée ou le pan de mur au-dessus d'un canapé. Dessinez sur un mur un grand carré ou quatre petits carrés, en les mesurant soigneusement avec une règle, et masquez leurs bords avec du ruban-cache à faible adhérence. Pour les rendre plus nets, vous pouvez aussi créer une bordure autour de chacun d'eux, auquel cas vous devrez tracer une ligne que vous masquerez également.

Si le reste de la pièce est uni, vous pourrez aussi décorer chaque carré avec un simple tampon ou un pochoir *(voir pages 48 et 54)*. Veillez à ne pas employer un motif trop chargé.

*tampons carrés*

## EXPRIMEZ-VOUS

Pourquoi vous ruiner en achetant des tableaux coûteux alors que vous pouvez créez vous-même des œuvres d'art sur les murs de votre intérieur. Nul besoin d'être un grand artiste pour obtenir un effet stupéfiant. Choisissez un ensemble de peintures à l'eau de couleurs mates assorties. Tracez la zone de votre « tableau » sur le mur et peignez-la dans l'une des couleurs choisies. Peignez ensuite dans une autre couleur une bande en haut du tableau et estompez les bords avec un pinceau imbibé d'eau. Ajoutez une ou deux autres bandes de couleur différente, en estompant encore les bords (reportez-vous à l'exemple de la page 28 pour une interprétation encore plus audacieuse de cette technique).

*Vous pouvez créer votre propre chef-d'œuvre simplement en peignant des bandes de couleur sur un mur et en estompant leurs bords. Pour vous inspirer, consultez des livres d'art moderne.*

# pochoirs et tampons

Unies, les surfaces peintes semblent parfois avoir un besoin criant d'ornements. Pochoirs et tampons sont alors la solution idéale puisqu'ils permettent d'ajouter un motif ou de souligner le thème d'une pièce, tout en gardant le contrôle des couleurs, du dessin et de la fréquence du motif, chose impossible avec du papier peint par exemple.

Les techniques du pochoir et du tampon comptent parmi les techniques de décoration les plus anciennes et les plus simples *(voir* exemple pages 54–55). Fabriquez vos propres pochoirs en découpant des motifs dans un matériau spécial ou, si le temps ou l'inspiration vous manquent, achetez-les tout faits dans des magasins d'art ou de bricolage, et utilisez des pinceaux spéciaux pour vous faciliter encore la tâche. Des tampons prêts à l'emploi existent aussi mais pourquoi ne pas essayer d'en fabriquer à partir de pommes de terre ? Pour cela, coupez une pomme-de-terre en deux puis sculptez un tampon en découpant les bords. Vous verrez combien vous serez fier de vous !

Le choix de pochoirs en vogue ces dernières années étaient assez restreint et plutôt mièvre : des tresses de fleurs courant le long d'une cimaise par exemple, ou une multitude de

pochoirs

*Les pochoirs, qui n'ont rien perdu de leur popularité, permettent de décorer un parquet de façon traditionnelle.*

grappes de raisin répétées à hauteur de cimaise tout autour de la pièce. Le pochoir et le tampon du XXIᵉ siècle sont plus simples et employés avec davantage d'audace, quoique moins excessivement à certains égards. Au lieu d'orner toutes les surfaces d'une pièce avec un même motif, choisissez une zone ou un mur que vous couvrirez avec des formes simples et des couleurs vives. Évitez également de répéter indéfiniment un même petit dessin, et appliquez plutôt un pochoir de grande taille. Pour cela, utilisez un rétroprojecteur afin de visualiser sur le mur une version agrandie de l'image choisie. Tracez ses contours au crayon avant de les remplir avec de la couleur.

Pour utiliser au mieux un pochoir, fixez-le au mur avec du ruban-cache à faible adhérence et plaquez bien le bord inférieur lorsque vous peignez afin d'éviter que de la peinture ne coule en-dessous. Afin qu'il reste sec, ne trempez le pinceau que très légèrement dans la peinture et appliquez-la plutôt par petits coups que par mouvements continus. Si vous variez l'intensité de la couleur à l'intérieur du motif, la finition aura plus de texture que si la couche de peinture est uniforme. Une fois le pochoir retiré, on peut ajouter de la couleur à la main pour créer des détails supplémentaires.

*Les chambres d'enfants sont l'endroit idéal pour faire usage de pochoirs et de tampons. Choisissez un thème sur lequel vous vous baserez pour décorer les murs et les meubles.*

*Les pochoirs ne doivent pas nécessairement être floraux et traditionnels : faites-les aussi abstraits et contemporains que vous le souhaitez.*

# associations

Ce chapitre a déjà montré la diversité des techniques de peinture et a, espérons-le, dissipé l'idée fausse selon laquelle elles ne sont destinées qu'aux intérieurs fleuris des maisons de campagne. La peinture peut être utilisée dans tous les types d'intérieurs, dans une maison en ville du XIXe siècle aussi bien que dans un entrepôt du XXIe siècle reconverti en appartement ; elle peut s'appliquer sur toutes sortes de matériaux, de la pierre nue aux panneaux en liège.

Cependant, n'employez la peinture qu'avec modération : choisissez une surface, peignez-la et laissez le reste de la pièce relativement simple. Dans une pièce aux murs couverts de lavis, évitez d'ajouter beaucoup d'autres effets.

Pour obtenir un style contemporain, associez des murs peints au lavis avec des tomettes, des boiseries blanches ou naturelles et des meubles simples en bois.

Vous créerez un effet moderne en laissant la plupart des murs tels quels ou blancs à l'exception d'un seul, pour lequel vous pourrez vous inspirer de l'art moderne ou tenter de reproduire l'effet de rayure estompée des pages 28 et 29. Vous devrez alors y associer des détails modernes, un plancher clair, des tables au plateau de verre et des meubles chics. Les meubles vieillis aident à recréer le « chic vieilli », style

*Si vous savez bien manier un pinceau, pourquoi ne pas copier sur les boiseries d'une pièce le thème ou les motifs du papier peint pour créer un style harmonieux ?*

*Ici, la commode en bois et la chaise élégante sont combinées à des ornements classiques pour indiquer que le style n'a pas été voulu mais a bel et bien évolué.*

qui reste une valeur sûre *(voir* pages 30–31). Cela permet de mélanger des meubles de toutes les époques et de donner l'impression que la pièce a évolué au fil des ans. Cette technique fonctionne par-

*Si les teintes naturelles du bois ne correspondent pas au style de votre intérieur, la peinture peut les transformer en créant des effets plus modernes, jeunes ou accueillants.*

ticulièrement bien dans les tons neutres blancs, crèmes et pastels. Associez les meubles peints à d'autres meubles traditionnels en bois, à des canapés confortables, à un plancher en bois et à des petits tapis accueillants. Les murs seront tapissés de papier peint aux motifs subtilement passés, peints d'une seule couleur neutre ou délavée, ou même recouverts d'un lavis.

chiffon

pinceaux

# PASSER UN MUR AU LAVIS

*Une couleur douce appliquée par mouvements larges crée un effet qui fonctionne sur les murs dont la surface est irrégulière comme sur du plâtre lisse. Jugez la quantité de peinture dont vous aurez besoin en mesurant la zone que vous voulez traiter et en vous basant sur une proportion d'un litre pour 6 m² de surface. Choisissez le pigment dans un magasin spécialisé et testez la concentration de la couleur avant de préparer le glacis final. Pour vous faciliter la tâche, assurez-vous l'aide d'un ami.*

## MATÉRIEL

- Peinture à l'eau vinylique satinée
- Glacis à l'huile (voir page 38)
- Pigment violet outremer
- Grand récipient en plastique avec couvercle
- 2 pinceaux larges (15 cm)
- Chiffons propres

## MARCHE À SUIVRE

- Appliquez une couche de peinture à l'eau de la couleur de votre choix (ici, du satin blanc vinylique). Laissez sécher.
- Préparez de petites quantités de glacis et testez-les dans un coin de la pièce, près de la plinthe. Notez les quantités de pigment que vous utilisez afin d'avoir une « recette » du glacis qui vous satisfait (pour la couleur du mur ci-contre nous avons utilisé 280 g de pigment pour 3 litres de glacis à l'huile). Après avoir obtenu un échantillon qui vous plaît, préparez la totalité du glacis.

- Avec de larges mouvements rapides, appliquez le glacis dans le coin supérieur droit du mur, en l'étendant vers le bas, d'abord de droite à gauche, puis de gauche à droite, jusqu'à avoir couvert un pan d'1 m² environ. Évitez de peindre une forme trop régulière. Si les bords sont secs lorsque vous commencez à peindre le prochain pan, faites attention à ne pas laisser une démarcation nette.

tampons carrés

peinture métallique

## UN MUR COUVERT DE TAMPONS

*Couloirs, salles à manger, salles de bain et bien sûr chambres d'enfant se
prêtent aux décorations supplémentaires. Des formes utilisées dépendent
l'atmosphère et le style, qui pourront être originaux ou sophistiqués. Les
motifs des tampons sont généralement plus audacieux que ceux des
pochoirs. Ci-contre, des carrés argentés se détachent sur un fond bleu vif.*

### MATÉRIEL

- Peinture vinylique indigo coquille d'œuf
- Pinceau moyen
- Crayon blanc
- Fil à plomb
- Tampon carré de 7,5 cm²
- Tampon carré de 2,5 cm²
- Petit pot de peinture métallique
- Plat ou soucoupe en plastique peu profonds

### MARCHE À SUIVRE

- Appliquez une couche de la peinture que vous avez choisie. Des couleurs intenses comme le bleu, le rouge ou l'orange foncés ont un bel effet dans une salle à manger ou une entrée, et créent un contraste fort avec les carrés argentés.

- Lorsque la peinture est sèche, mesurez le mur et déterminez de quelle manière vous allez espacer les tampons. Utilisez le fil à plomb pour vous aider à placer vos tampons, en faisant au crayon de légères marques en haut, au milieu et en bas du mur (ici, les grands carrés ont été placés

tous les 10 cm et les petits carrés tamponnés entre eux sans l'aide d'une règle afin d'éviter un effet trop uniforme).

- Versez une petite quantité de peinture argentée dans le plat en plastique. Plongez-y le tampon le plus grand et faites des essais sur du papier journal jusqu'à obtenir un carré bien net. En commençant par le coin supérieur gauche du mur et en travaillant de haut en bas, appliquez une première rangée de carrés.

- Continuez jusqu'à ce que le mur soit couvert de grands carrés. Puis, en travaillant sans règle, placez entre eux des rangées de petits carrés. Il est recommandé d'attendre que les grands carrés soient secs avant d'appliquer les plus petits.

| REVÊTEMENT | APPLICATIONS |
|---|---|
| **AU POCHOIR**<br>Un pochoir est une plaque découpée permettant de répéter un motif en y passant de la peinture | Le motif du pochoir doit correspondre au style de la pièce. Pour une pièce moderne, optez pour la simplicité (une forme géométrique par exemple). Pour une pièce de style traditionnel, choisissez des dessins classiques ou floraux qui seront du plus bel effet s'ils sont légèrement passés. Avec un pinceau spécial, étalez par petites touches de la peinture de teinte douce de préférence. Les peintures à l'eau conviennent parfaitement mais sachez que des peintures pour pochoirs sont aujourd'hui disponibles en petits pots. |
| **AU TAMPON**<br>Prêt à l'emploi ou sculpté dans une pomme de terre, le tampon permet de décorer un mur | Cette finition est tout à fait indiquée pour les murs de couleur unie peints avec une peinture à l'eau. Elle crée un effet « papier peint » personnalisé. Cette technique permet aussi d'attirer l'attention sur un point en particulier, par exemple sur une fenêtre en lui créant un cadre. On peut aussi simuler une cimaise en appliquant des tampons tout autour d'une pièce. Alors que les pochoirs offrent la possibilité d'utiliser plusieurs couleurs pour un même motif, les tampons ne permettent d'appliquer qu'une seule couleur à la fois. Cela dit, vous pouvez alterner les couleurs si vous le désirez. |
| **LAVIS**<br>Il s'agit d'une couche de peinture à l'eau de couleur coupée d'eau et appliquée au hasard avec de larges mouvements de pinceau | Cette technique permet d'ajouter de la couleur sur les murs de façon subtile et variée. Elle cache les irrégularités des murs grâce à l'intensité variable de ses couleurs. Elle contribue également à créer un style méditerranéen vieilli, particulièrement si vous faites usage de couleurs caractéristiques des régions ensoleillées, comme l'ocre brun et le rose pâle. Testez plusieurs épaisseurs de couche afin de trouver l'intensité de couleur que vous recherchez. |

| REVÊTEMENT | APPLICATIONS |
| --- | --- |
| **MARBRURES**<br>Effet imitant la couleur et les taches caractéristiques du marbre | Pour obtenir les meilleurs résultats, n'utilisez cette technique que sur des surfaces susceptibles d'être en marbre, telles que pourtours de cheminée, meubles sanitaires et sols. Cela dit, un amateur ne pouvant guère obtenir un résultat décevant, mieux vaut avoir une approche légèrement teintée d'humour. Si vous désirez un résultat aussi fidèle à la réalité que possible, essayez de copier un véritable bloc de marbre afin de pouvoir en étudier la couleur et le grain, et imitez-le avec de la peinture à l'huile d'art. |
| **VIEILLISSEMENT**<br>Technique donnant un aspect vieilli aux boiseries et aux meubles. | Cette technique est tout à fait appropriée aux meubles massifs tels que tables, armoires, placards et portes. Elle donne l'illusion qu'ils ont une longue vie derrière eux et qu'ils ont connu plusieurs couches de peintures qui se sont usées au fil des années, révélant les couleurs précédentes. Vous pouvez utiliser des couches de peinture à l'eau de différentes couleurs ou de la peinture à l'huile, et « vieillir » ensuite la surface en la frottant avec de la paille de fer. Pour terminer, protégez avec un vernis. |
| **LISSAGE**<br>Lignes fines obtenues en enlevant de la peinture ou du glacis frais avec un pinceau ou un peigne | Il s'agit d'une technique parfaite pour les maisons d'époque. Elle crée un style traditionnel avec une finition plus raffinée que celle d'une simple peinture. Elle n'est pas recommandée pour les murs aux surfaces inégales, leurs irrégularités déviant les poils du pinceau. Son effet est particulièrement intéressant sous les cimaises et sur les portes. Elle peut être complétée par un vernis protecteur. |
| **À L'EPONGE**<br>Technique consistant à tamponner de la peinture ou un glacis avec une éponge naturelle | Cette technique est facile à utiliser sur les murs des pièces telles que chambres, salles de bains et chambres d'enfant. Les motifs créés sont utiles pour camoufler les surfaces irrégulières. Appliquez une première couche de peinture sur le mur puis passez à l'éponge une deuxième couche de couleur différente ou un glacis relativement liquide (4 volumes de peinture à l'eau pour 1 volume d'eau). |

## tendances

Les peintures évoluent en fonction des tendances. Tout comme le lavis et la technique au tampon ont pu prendre récemment l'avantage sur les techniques à l'éponge et au pochoir, la prochaine mode ne devrait pas tarder à faire son apparition. Les fabricants en sont conscients et ne cessent de développer des produits permettant de créer facilement et de façon rapide et économique un intérieur « très tendance ».

# plâtre et béton

**PENDANT DES ANNÉES,** nous avons couvert, peint et paré de façons diverses nos murs et nos sols, mais aujourd'hui s'impose de plus en plus à nous la beauté naturelle de surfaces telles que le plâtre et le béton. Du loft au manoir du XVIIIe siècle, tous les intérieurs peuvent jouir de l'honnêteté nue de ces matériaux.

# principes

**LE PLÂTRE**

Le plâtrage requiert une technique complexe qu'habituellement seul un expert maîtrise. Si vous vous y essayez pour la première fois, demandez conseil à un professionnel qui vous indiquera la marche à suivre pour obtenir le résultat que vous cherchez. Deux principaux types de plâtre existent : ceux à base de gypse et ceux associant ciment, chaux et sable. Les uns servent de couche de base, les autres de finition sur une surface plâtrée.

■ **PLÂTRE GYPSE** Type de plâtre le plus ordinaire, dont le composant principal se solidifie lorsqu'il est mélangé avec de l'eau, formant ainsi une surface idéale pour les murs intérieurs. Utilisé comme base, il est prémélangé à des agrégats légers et se prépare en y ajoutant simplement de l'eau.

■ **PLÂTRE DE CHAUX ET CIMENT** Avant l'avènement du plâtre gypse, les plâtres composés de chaux et de sable étaient utilisés en couche de fond et la chaux pure servait de finition. Les plâtres sableux destinés au couches de base et constitués de chaux et de ciment doivent être mélangés au dernier moment avec du sable épais.

■ **PLÂTRE MONOCOUCHE** Peut être acheté déjà préparé ou conditionné dans des tubes à mélanger. Pour de grandes surfaces, achetez de gros sacs de plâtre que vous

*gypse*

*chaux*

*plâtre*

*PVA*

*sable*

mélangerez au dernier moment avec de l'eau. Pour les retouches, les plâtres déjà mélangés sont idéals.

Avant d'appliquer le plâtre, préparez la surface avec un liant tel que du PVA, qui renforcera son adhérence. Une surface peu absorbante telle que la brique ou le béton devra être couverte d'un mélange fait d'1 volume de PVA pour 5 volumes d'eau. Le plâtre doit être appliqué alors que le liant n'est pas encore sec.

*Quand le pratique et le décoratif se rejoignent. Avec de la peinture pour sol, vous pouvez décorer à votre goût un sol en béton. Ci-dessus, on a imité des carreaux de façon naïve avec de petits blocs de couleur.*

## LE BÉTON

Mélange de ciment, d'agrégats et de sable, il peut être préparé et appliqué chez soi ou acheté en plaques, en blocs ou en carreaux. La version moderne du béton est arasée, cirée, texturée et peinte pour être transformée en sols et en murs très « in ».

### ENTRETIEN

Sans finition, le plâtre absorbe tout ce avec quoi il entre en contact et est de ce fait difficile à garder propre. Une fois lissé et poli ou verni, il se nettoie facilement avec un chiffon humide imprégné d'un peu de détergent en crème. Pour savoir comment lisser et protéger le plâtre ou le béton, *voir* page 66.

61

# plâtre texturé

*brosse métallique*

*spatule*

Dans la maison, les textures sont la grande nouveauté. Vous avez déjà réuni chenille, satin et coton pour couvrir votre canapé et vos chaises mais qu'allez-vous faire avec les murs ? Les revêtements muraux prêts à l'emploi comme Artex sont actuellement très en vogue grâce au regain d'intérêt pour les surfaces texturées. Méprisés pendant longtemps, ils sont maintenant disponibles dans de nombreuses variétés et couleurs, et peuvent être parés d'une infinité de motifs.

Si vous ne pouvez vous résoudre à appliquer de l'Artex, pensez à ce que vous pourriez faire avec du plâtre traditionnel. Pour stimuler votre imagination, laissez votre esprit parcourir le monde et tirer son inspiration des stucs d'Italie, des murs irréguliers de la

*Les murs de plâtre rugueux conviennent pour un intérieur aussi bien moderne que traditionnel et rustique.*

ampagne espagnole ou marocaine, ou même des façades battues par le vent et la pluie du Devon, de la Cornouailes ou de l'Irlande. Pour créer un effet rustique, ethnique ou méditerranéen, choisissez un motif irrégulier et simple. Pour un style plus contemporain, optez pour un motif plus régulier et donnez davantage de texture avec des pierres ou du métal brillants (*voir* page 64).

Aucune règle n'existe pour donner de la texture au plâtre. Depuis le temps des cavernes, les hommes cherchent à s'exprimer sur les murs et à créer une forme de décoration qui leur plaise. Plutôt que par la mode, laissez-vous guider par le style de votre intérieur et par vos goûts.

*Dans ce salon, la texture rugueuse du plâtre contraste avantageusement avec les lignes douces du bois et le moelleux du canapé.*

Si vous utilisez du plâtre, vous pouvez soit faire appel à un professionnel pour le travail initial, et vous occuper ensuite des finitions avant que le plâtre n'ait séché, ou appliquer vous-même la dernière couche de plâtre sur les murs (après les avoir enduits d'un liant, *voir* pages 60–61) et donner libre cours à votre créativité. Les plâtres texturés sont assez facile d'emploi. Pour créer des points, des spirales ou des lignes, tamponnez le plâtre par petites touches avec une éponge ou une brosse métallique.

### BON À SAVOIR

Le plâtre texturé attirant plus la poussière qu'une surface lisse, vous devrez vous en accommoder ou le nettoyer fréquemment.

éponge

# soyez inventif

Pour les personnes très créatives, les produits achetés dans le commerce ont toujours l'inconvénient de ne pas être uniques. Si le plâtre ou le ciment seuls n'offrent pas la touche personnelle dont vous rêvez, ajoutez-la vous-même. Dans les deux cas, cela se fait facilement lors du mélange mais aussi sur un plâtre déjà appliqué et encore humide. Cependant, ne vous sentez pas obligé de traiter ainsi la pièce entière. Utilisez les finitions spéciales sur un seul mur, un demi-mur, ou encore dans une alcôve.

## ASSOCIATIONS CRÉATIVES

Vous pouvez ajouter des pigments au plâtre de finition pour lui donner un aspect attrayant. Cette idée est excellente pour créer des couleurs traditionnelles rose pâle et ocre brun avec du plâtre neuf. Pour un style plus contemporain, vous pouvez acheter du plâtre déjà coloré.

*Les murs et les sols plâtrés ou bétonnés se prêtent à des décorations lorsqu'ils sont encore humides. Coquillages, cailloux et billes colorées sont autant de petits trésors à intégrer à la surface pour obtenir une finition unique qui attire le regard.*

Ajoutez du sable au plâtre de finition pour un aspect plus texturé. Versez-le petit à petit, jusqu'à obtenir la consistance voulue. De même, de petites particules de verre ou de métal brillant feront chatoyer les murs, surtout avec de la lumière artificielle. On rend les intérieurs de style japonais encore plus séduisants en mélangeant au plâtre

de leurs murs des coquillages broyés, des fibres de chanvre ou de petits cailloux blancs.

Pour un sol de type mosaïque, vous pouvez ajouter un agrégat spécial au mélange de ciment. Après que celui-ci ait pris, polissez le sol pour obtenir un effet lisse similaire au marbre. Pour assurer une belle finition, faites plutôt appel à un professionnel.

Une fois le plâtre ou le béton appliqué, vous pouvez leur intégrer tout élément résistant à l'usure. Une rangée de cailloux incrustés dans le sol tout autour d'une pièce fait un bel effet. Essayez aussi de créer un motif en travers de la surface avec des blocs de cailloux ramassés sur une plage. Dans un mur, intégrez quatre carreaux de céramique ou taillez un motif avec un objet contondant pour créer l'illusion de blocs de pierre par exemple.

*Passer une couche de blanc de chaux est une finition traditionnelle pour les murs de plâtre rugueux, idéale pour obtenir un style traditionnel ou méditerranéen.*

# lisser et protéger

Le plâtre peut mettre six semaines à sécher complètement, temps pendant lequel un phénomène d'efflorescence dû aux dépôts alcalins se produit à la surface. Utilisez de temps en temps une brosse dure pour éliminer ces dépôts jusqu'à leur complète disparition. Ce n'est qu'alors que vous pourrez lisser et/ou protéger les murs.

Si vous voulez passer un lavis ou une finition spéciale de peinture sur du plâtre, celui-ci devra être préalablement lissé. Peinte ou laissée en l'état, sa surface doit être protégée afin d'empêcher que vous ne vous salissiez en la touchant.

pinceau à vernir

## LISSER LE PLÂTRE ET LE CIMENT

Si vous désirez appliquer une peinture à l'huile sur du plâtre neuf, enduisez-le avec un apprêt anti-alcalin. Dans le cas où vous utilisez une peinture à l'eau pour la finition, lissez le plâtre avec une mince couche de cette peinture coupée d'eau, que vous appliquerez avec un pinceau ou un rouleau.

Si vous l'enduisez d'une peinture spécial sol, le béton n'a pas besoin d'être apprêté. Avec une peinture laque de couleur neutre (blanc, blanc cassé ou noir), le béton peut donner un sol à

*La teinte rose naturelle du plâtre frais est douce, chaude et séduisante, mais la surface doit être lissée si on veut la protéger des salissures.*

aspect réellement sophistiqué et reflétant la lumière. Idéal pour les cuisines mais aussi d'un bel effet pour un salon chic ou de style utilitaire.

## PROTÉGER LE REVÊTEMENT

Pour les murs, le vernis le plus adapté est non-jaunissant et à base d'eau. Choisissez-le mat, satiné ou brillant, en fonction de votre intérieur. Sur du plâtre d'aspect naturel, un vernis mat convient probablement le mieux, mais il faudra le préférer brillant pour un style moderne chatoyant. Passez plusieurs couches de vernis acrylique sur un sol en béton afin de le rendre résistant. C'est important dans les zones de grand passage ou dans des lieux comme la cuisine où on utilise des détergents puissants pour nettoyer le sol.

*Tendance oblige, nombreux sont ceux qui tentent aujourd'hui d'éviter les plafonds texturés. Et pourtant, associés à du bois dans une pièce de style rustique, l'effet n'a rien de déplacé.*

# polir et cirer

ponceuse

feutre à polir

polissoir

Le plâtre nu peut avoir un bel éclat une fois poli ou ciré. Polissez-le lorsque vous voulez tirer le meilleur parti de ses couleurs naturelles et cirez-le si vous désirez lui assurer une protection contre l'usure.

## POLIR ET COLORER

Plutôt que du talent, le polissage du plâtre requiert un effort physique. La technique la plus simple mais pas forcément la plus facile : bien le frotter avec un chiffon doux. Si le mur est grand, utilisez un appareil électrique muni d'un accessoire spécial. Cela représentant beaucoup de travail, sachez qu'une couche de vernis acrylique produit un effet similaire.

Le plâtre lissé s'adapte parfaitement aux intérieurs inspirés du style italien traditionnel. Pour un style encore plus authentique, avant d'appliquer le plâtre, mélangez des couleurs à l'huile de type ocre jaune, terre de Sienne, brun jaune et gris. Lorsqu'il est sec, poncez-le puis polissez-le avec un chiffon doux non pelucheux jusqu'à ce qu'il brille légèrement. Pour un style grande villa italienne, choisissez des couleurs plus pâles et plus subtiles (la couleur naturelle du plâtre par exemple, avec une petite touche de rose) et polissez afin d'obtenir là encore un éclat doux.

*Les murs de cette salle de bain ont été grossièrement plâtrés et couverts d'un glacis. Une simple ligne a été tracée avant le polissage et le vernissage.*

*Sachez tirer le meilleur parti de tous vos talents artistiques et peignez vous-même une fresque.*

## CIRER DU PLÂTRE

Achetez une cire appropriée, par exemple un mélange de cire d'abeille et de carnauba. À moins de vouloir jaunir ou brunir une surface, la cire doit être aussi trans-lucide que possible pour permettre aux couleurs de filtrer. Certaines cires contiennent des silicones qui les rendent plus résistantes et plus faciles à polir pour obtenir un brillant éclatant.

brosses douces à polir

Lisser d'abord le plâtre nu avec du PVA évite que la cire ne pénètre trop profondément. Vous pouvez commencer à cirer le plâtre une fois qu'il est sec. Appliquez la cire en frottant avec un mouvement circu-laire à l'aide d'un chiffon. Passez deux couches puis laissez prendre pendant plusieurs heures ; frottez enfin avec une brosse à chaussure douce. Terminez le polissage avec un chiffon doux. Pour ce travail, faites éventuelle-ment appel à un professionnel.

chiffon non pelucheux

# associations

plâtre

Le plâtre s'adapte aux pièces de tout style à condition de bien choisir sa couleur et/ou sa texture. Voici un aperçu des principaux types de plâtres et des styles auxquels ils correspondent le mieux.

Quand sa texture est rugueuse (voir exemples pages 74 et 75), le plâtre cadre parfaitement avec les pièces d'inspiration marocaine ou rurale au style décontracté. Pour une finition à la marocaine, associez l'aspect rugueux du plâtre à des nuances terreuses de peinture, ou à des murs passés au blanc de chaux, et décorez la pièce avec des kilims, des objets en métal naïfs, du verre multicolore et du bois finement sculpté.

*De simples murs nus aident à créer un minimalisme reposant dans une pièce dont le seul confort est assuré par des coussins.*

Pour recréer un style campagnard, combinez la finition rugueuse du plâtre avec de douces couleurs terre ou du blanc de chaux, des briques apparentes, du bois sombre ancien, des pierres nues et des poteries.

Légèrement ridé, le plâtre convient aux intérieurs plus contemporains où prévalent simplicité et texture. Associez-le avec du plancher en bois blanchi, de la peinture blanche, de grands panneaux de verre et du mobilier fonctionnel.

*Les murs à la texture rugueuse s'accordent bien au style rustique de cette cuisine aux meubles en bois et au sol carrelé.*

Le plâtre ciré évoque davantage un chic vieillot plutôt européen. Il émane de lui une grandeur fanée et vous pouvez lui associer du carrelage traditionnel en céramique, de beaux meubles en bois et du marbre. Complétez ce style avec des tissus classiques tels que du velours ancien, de la soie, du damas ou de la toile de Jouy.

Un sol en béton poli s'allie bien à un cadre contemporain et légèrement fonctionnel. Dans une cuisine, il est d'un bel effet associé à beaucoup

*Ici, les tons doux gris-bleu des murs se marient bien avec le plan de travail en bois. Les fleurs apportent une touche de couleur.*

d'acier, à des éléments en verre et à des murs blancs ou brillants. Il s'adapte aussi bien dans un séjour que dans une salle à manger mais correspond plutôt à un style minimaliste. Enfin, il exclut les fleurs et les volants et se marie en revanche très bien avec le métal, le verre, le carrelage simple et le bois blanchi.

plâtre

chiffon

# TEINTER ET POLIR LE PLÂTRE

*À moins que vous ne soyez bricoleur, faites-vous aider d'un professionnel pour les finitions sur du plâtre. Travaillez avec lui pour appliquer cette technique et celle de la page suivante (vous pouvez créer la nuance et réaliser le polissage, il appliquera uniformément le plâtre) ou demandez-lui de vous apprendre à rectifier un mur de plâtre. Pour créer de nombreux effets, ajoutez de la couleur avant l'application.*

## MATÉRIEL

- *Plâtre monocouche (demandez conseil à votre plâtrier pour les quantités)*
- *500 g de pigment rouge*
- *De l'adhésif PVA*
- *1 grand pot de cire d'abeille*
- *Des chiffons propres et doux pour le polissage*

## MARCHE À SUIVRE

■ Préparez l'équivalent d'une tasse de plâtre et faites des essais de teintes avec de faibles quantités de pigment. La couleur perdant 50 % de son intensité lorsque le plâtre est sec, créez un mélange plus sombre que la couleur voulue au final. Une fois cette dernière obtenue, faites appel à votre plâtrier pour préparer tout le plâtre. (500 g de pigments ont été suffisants pour bien colorer 40 m² de la pièce ci-contre).

■ Appliquez uniformément une fine couche de plâtre ou demandez à votre plâtrier de le faire. Laissez sécher.

■ Préparez une fine couche de PVA (6 volumes d'eau pour 1 volume de PVA) pour lisser le mur et l'empêcher d'absorber trop de cire. Appliquez rapidement et uniformément sur le mur. Laissez sécher.

■ Déposez une noisette de cire d'abeille sur un chiffon et, en commençant par le coin supérieur gauche, faites bien pénétrer dans le plâtre, mètre carré par mètre carré. Quand la première couche a été absorbée, appliquez-en une deuxième en travaillant lentement pour éviter un effet de marbrures.

■ Polissez ensuite le mur avec un chiffon doux jusqu'à ce qu'il brille légèrement. Cela demande beaucoup de travail mais donne des reflets riches et chatoyants.

■ Pour aller plus vite, vous pouvez appliquez une fine couche de vernis acrylique brillant au lieu de la cire d'abeille. Vous obtiendrez un beau résultat auquel fera pourtant défaut la profondeur de la finition à la cire d'abeille.

spatules

# CRÉER DES MOTIFS SUR DU PLÂTRE

*Donnez à une pièce une touche personnelle en gravant des motifs dans le plâtre, soit à la main, soit avec un simple outil. À moins que vous ne soyez bricoleur, vous aurez besoin de l'aide d'un professionnel. Expliquez-lui l'effet que vous voulez obtenir. Emménagez quand le plâtre est appliqué mais pas encore sec. Le motif présenté ici peut s'adapter à des styles aussi différents que le style rustique ou le minimalisme contemporain. Les lignes et les spirales sont les motifs les plus faciles à réaliser.*

## MATÉRIEL
- Plâtre monocouche
- Ficelle
- Punaises
- Spatule ou crayon (pour les motifs)
- Vernis mat
- Pinceau moyen

## MARCHE À SUIVRE
■ Déterminez la position des lignes, la manière dont vous voulez qu'elles soient groupées et leur nombre. Faites des marques au crayon sur les bords extérieurs du mur. Veillez à ce qu'elles soient au même niveau des deux bords. Préparez des bouts de ficelle plus longs que la largeur du mur ainsi que des punaises qu'il faudra utiliser lorsque le mur viendra d'être plâtré.

■ Appliquez une couche de plâtre de finition (pour cela, faites éventuellement appel à un professionnel). En plus d'être légèrement rugueuse, la surface devra apparaître égale et mate.

■ Une fois le plâtrage achevé, fixez avec des punaises des bouts de ficelle au niveau des repères au crayon. Faites ensuite passer une spatule ou un pinceau le long des ficelles en traçant des lignes aussi droites que possibles. (Vous pouvez aussi tracer rapidement des spirales au doigt, sur toute la surface. Voir ci-dessous).

■ Laissez sécher le plâtre. Pour finir, passez éventuellement une fine couche de vernis mat à l'aide d'un pinceau moyen.

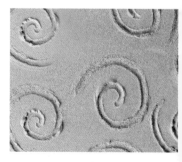

| REVÊTEMENT | APPLICATIONS |
|---|---|
| **PLÂTRE INACHEVÉ**<br>Plâtre nu sans lissage | Finition basique à ne retenir que pour les pièces où le risque d'usure est minimal, le plâtre non lissé résistant très mal aux coups et les traces étant impossible à effacer. Une bonne option pour une chambre d'adulte, avec un effet rosé romantique et classique. |
| **PLÂTRE COLORÉ**<br>Plâtre auquel est mélangé de la couleur | Pour l'aspect pratique de ce revêtement, voir ci-dessus. Ce plâtre a pour seule différence avec le précédent qu'il contient un pigment lui donnant une touche de couleur. |
| **PLÂTRE POLI**<br>Plâtre qu'on polit pour obtenir plus ou moins d'éclat | Un mélange de cire d'abeille ou un vernis doux aux silicones font disparaître les marques résultant de l'application. Toutefois, cette finition demande beaucoup d'entretien et est la plus adaptée aux pièces peu utilisées. Pour obtenir un bel effet, il faut beaucoup de travail et plusieurs couches de vernis. |
| **PLÂTRE VERNI**<br>Plâtre lissé avec un vernis mat ou brillant | Type de plâtre poli plus pratique et demandant moins d'entretien. L'effet est plus uni et paraît moins « naturel ». Le plâtre passé au vernis brillant convient le mieux aux pièces très utilisées telles que les cuisines, car il est facile à nettoyer. |
| **BADIGEON BLANC**<br>Badigeon à l'ancienne constitué d'un mélange de chaux, d'eau et de pigment | Ce type de peinture blanche à l'ancienne est d'un emploi délicat car il requiert d'être remué constamment. Il crée un effet rustique et a tendance à s'écailler, mais sa texture douce mate et friable est magnifique. Certains pigments réagissant à la chaux, reportez-vous aux instructions du produit avant de les utiliser. |

| REVÊTEMENT | APPLICATIONS |
| --- | --- |
| **BADIGEON** (Ou blanc de chaux). Ressemble au badigeon blanc mais avec une finition encore plus écaillée et plus feuilletée | Finition fragile mais superbe, qui se détache facilement par simple toucher et vieillit donc très mal. Ne l'appliquez que dans des pièces utilisées occasionnellement. |
| **FRESQUE** Plâtre peint à l'aquarelle tandis qu'il n'est pas encore sec | Excellent pour un intérieur simple et de style naïf. À l'aquarelle, vous pouvez par exemple ébaucher des rayures, des carrés ou des pois. La peinture doit être appliquée alors que le plâtre est encore humide, et vernie lorsqu'il est sec ou a tendance à s'écailler. |
| **PLÂTRE TEXTURÉ** Plâtre travaillé avec des outils spéciaux quand il est encore humide | Convenant aux pièces de style campagnard aussi bien moderne que très traditionnel, cette technique permet de créer des motifs texturés directement sur le mur. Une fois le plâtre appliqué, marquez-le avec un peigne, un rouleau ou même vos doigts. Le revêtement est ensuite difficile à vernir. Il vaut donc mieux l'employer dans des endroits où il peut rester tel quel ou se contenter d'une simple peinture. |

# revêtement populaire

Au XXIe siècle, les qualités du plâtre vont continuer sans le moindre doute à être appréciées comme elles l'ont été à travers l'histoire. Qu'il soit fini avec un simple blanc de chaux, qu'il garde sa couleur rose d'origine ou arbore des couleurs plus vives, ce revêtement possède un charme qui convient aussi bien aux intérieurs traditionnels que modernes.

# tentures murales

**LES TENTURES MURALES** sont progressivement revenues à la mode et elles le méritent. Elles constituent une bonne manière d'intégrer de la couleur ou des motifs dans une pièce, ces derniers permettant d'en renforcer le style ou le thème.

# principes

Les tentures murales peuvent transformer complètement un intérieur. Leurs couleurs, leurs motifs et même leurs textures influencent l'atmosphère, le style et le thème d'une pièce. Cela dit, quand vous choisissez une tenture, ne perdez pas de vue les aspects de résistance et d'entretien.

*Avec un pinceau et un peu de colle et de papier, vous pouvez donner couleurs et motifs à une pièce, presque en un clin d'œil.*

## QUELQUES TENTURES MURALES

Il existe aujourd'hui des tentures murales pour tous les usages et pour tous les goûts.

*On peut être presque aussi créatif avec du papier peint qu'avec de la peinture. Ici, un papier peint de la même collection mais d'un coloris différent a été appliqué horizontalement pour créer un effet plus frappant et moderne.*

■ **PAPIER D'APPRÊT** Sert de base pour le papier peint et la peinture en fournissant une meilleure surface si les murs sont inégaux ou si l'on veut une finition parfaite. S'applique horizontalement.

■ **PAPIER PEINT IMPRIMÉ** Le type de papier peint le plus fréquent est celui imprimé à la machine, car il offre le plus vaste choix de motifs et de couleurs.

Pouvant être souvent nettoyé, il n'est toutefois pas recommandé pour les pièces soumises à rude épreuve comme les chambres d'enfants ou les cuisines.

■ **PAPIER VINYLE** Un film plastique rend ce papier peint plus résistant et plus facilement lavable. Utile dans les endroits où la condensation pose problème.

■ **PAPIERS PEINTS LAVABLES** Moins robustes que les papiers vinyles, ils sont recouverts d'un mince film plastique leur permettant d'être nettoyés avec un chiffon humide.

■ **FRISES** Il en existe de deux types : les autoadhésives et les encollables. Les frises sont une façon facile et rapide d'introduire des motifs et de créer un thème. Elles attirent l'attention sur les proportions de la pièce et abaissent la hauteur de plafond.

■ **PAPIER PEINT PRÉENCOLLÉ** Couvert sur l'envers de colle sèche à imbiber d'eau.

■ **TEXTURÉ ET GAUFRÉ** Les motifs en relief de ce revêtement permettent de cacher un mur inégal. Parmi ces types de papiers peints, on trouve Anaglypta (papier gaufré) et Vinaglypta (vinyle gaufré). Ils peuvent être finis avec une couche de peinture.

■ **TISSUS DOUBLÉS DE PAPIER** Tentures constituées de tissu doublé de papier. Peuvent requérir un adhésif spécial à ne pas faire entrer en contact avec le tissu.

■ **TEXTURE COPEAUX DE BOIS** Aide à camoufler les imperfections d'un mur. Nécessite une couche de peinture.

*Malgré les motifs du papier peint, le style ici ne paraît pas trop chargé du fait que sa couleur dominante est assortie aux rideaux.*

### ENTRETIEN

Aujourd'hui, tous les papiers peints sont généralement fournis avec des instructions d'entretien ; faites donc en sorte de les suivre. Tester un détergent d'abord sur une petite surface est une bonne idée, mais la plupart des taches peuvent s'enlever avec une gomme propre ou même de la mie de pain. Les papiers peints lavables et les papiers vinyles peuvent être nettoyés avec une éponge humide.

# papiers texturés

*échantillons texturés*

Les tentures murales texturées sont une manière facile et efficace d'intégrer un peu de texture et de motifs dans n'importe quelle pièce. Les papiers peints aux motifs en relief ne seront bientôt plus confinés qu'aux seuls intérieurs traditionnels, car ils sont en passe d'investir les intérieurs contemporains. Rien que dans la gamme Anaglypta, il en existe plus de 150 types, dont voici quelques exemples : effets plâtre, tissages naturels et rayures d'époque, mais aussi écriture en vieil anglais, vernis craquelé et spirales tendance.

Du fait qu'ils sont pratiques, robustes et qu'ils peuvent être repeints à l'infini, ces papiers peints sont idéaux pour les couloirs, les salles de jeux et

*L'aspect texturé donne une dimension supplémentaire à cet espace et vient compléter la simplicité des tons neutres et des meubles.*

utres lieux soumis à rude épreuve. Rien ne vous oblige à décorer une pièce entière avec le même papier peint. Vous pouvez ne tapisser qu'un mur ou que la partie située au-dessous de la cimaise.

## MODE D'EMPLOI

L'avantage de ce type de revêtement mural est que vous pouvez choisir vous-même la peinture de la finition. Il peut donc être aussi subtil et spectaculaire que vous le désirez. Mais avant de songer aux finitions, préparez les murs en les couvrant horizontalement de papier d'apprêt. Ensuite, enduisez généreusement l'envers du papier texturé avec de la colle renforcée que vous laisserez bien pénétrer. Posez correctement le papier peint et chassez les bulles. Utilisez pour finir un chiffon humide pour bien faire les raccords (un rouleau écraserait les motifs).

# tentures colorées

échantillons colorés

Si vous aimez les murs peints d'une couleur unie mai‹ que ceux de votre pièce sont trop inégaux ou que vous voulez qu'ils soient plus facilement lavables sachez qu'il existe aujourd'hui de nombreuses collec tions de papiers peints offrant un effet peinture. Idéal‹ pour ceux qui veulent éviter pinceaux, teintures e‹ glacis, ces papiers créent l'illusion d'un mur simple ment peint aussi bien que travaillé à l'éponge, lissé ou glacé. Les couleurs disponibles sont bien sûr imposée‹ par la mode mais le choix est plus que vaste‹ Actuellement, il existe des coloris allant des couleur‹ douces obtenues avec des teintures naturelles aux tons intenses de l'automne et aux teintes fraîches du printemps dont le vert jaune, le jaune citron et le lila‹ pâle. Les surfaces à l'aspect translucide étant aussi trè‹ en vogue, de nombreux revêtements muraux son‹ couverts d'un léger glacis brillan‹ reflétant autant de lumière que possible dans la pièce.

*Les motifs subtils de ce papier peint renforcent l'originalité de la pièce et adoucissent l'effet général davantage que ne le ferait un mur peint d'une couleur unie.*

### MODE D'EMPLOI

Ce type de papier peint est formi dable pour décorer une pièce entière et s'harmonise aussi parfai tement avec du papier à motifs e‹ de la peinture. Au lieu de vou‹ lancer dans la réalisation d'une

pièce totalement unie ou totalement parée de motifs, traitez certaines surfaces en les distinguant des autres. Par exemple, si vous êtes tombé amoureux d'un revêtement au motif extravagant et que vous ne l'imaginez pas sur tous les murs d'une pièce, pourquoi ne pas l'utiliser pour attirer l'attention sur le mur situé derrière un buffet, un sofa ou un lit, et choisir un papier peint de couleur coordonnée pour les autres murs ?

Pour choisir le type de couleurs pouvant correspondre à votre pièce, reportez-vous aux règles qui les concernent ainsi qu'au graphique page 24. Si votre choix s'est déjà arrêté sur un tissu pour les rideaux ou les jalousies, optez pour un revêtement qui, au lieu de contraster, s'associera avec la couleur principale du tissu pour rendre le tout plus harmonieux.

*Un dessin de style contemporain et une tenture murale d'un rouge chaud viennent compléter le mobilier moderne de cette pièce.*

# tentures à motifs

échantillons à petits motifs

Les motifs des papiers peints vont et viennent selon les modes, mais sont toujours classés dans deux catégories : les gros motifs et les petits motifs.

### TENTURES À PETITS MOTIFS

Il est important de choisir la taille d'un motif en fonction de celle du lieu que l'on décore mais, cela dit, il ne faut pas se cantonner à de petits motifs simplement parce qu'un lieu est exigu. Une pièce décorée avec de petits motifs paraîtra plus spacieuse, mais un cabinet de toilette étroit peut être superbe avec un seul de ses murs tapissé de papier peint à gros motifs.

*Dans cette pièce, le mélange des différentes tailles de motifs aide à maintenir un certain équilibre et la reprise du motif floral crée une unité au niveau du thème et du style.*

## MODE D'EMPLOI

Il est difficile d'imaginer un motif *in situ*, particulièrement quand on ne dispose que de catalogues d'échantillons de papiers peints. Même les motifs semblant de bonne taille sur un échantillon se révèlent petits une fois au mur. Une astuce consiste à appliquer le catalogue contre le mur et à l'observer d'aussi loin que possible. Certains petits motifs répétés perdent leur singularité et se confondent en un motif général. Ils sont idéals si vous voulez que la tenture serve de toile de fond à une série de tableaux. En revanche, si vous voulez que votre motif ait plus d'impact, il faudra que vous le choisissiez d'une taille plus grande.

*Les tentures murales à pois sont gaies et amusantes, mais laisser une moitié de mur de couleur unie évite que l'ensemble ne paraisse trop chargé.*

*échantillons à petits motifs*

## PAPIERS PEINTS À GROS MOTIFS

Si les petits motifs créent une toile de fond subtile pour des éléments plus audacieux, les gros motifs s'imposent évidemment davantage et réduisent le volume de la pièce. Employez-les donc avec plus de précautions. Cela dit, un motif extravagant peut avoir un effet fantastique s'il est utilisé avec style.

## MODE D'EMPLOI

Certaines tentures peuvent avoir des motifs relativement gros, mais, leurs couleurs étant plutôt décontractées et subtiles, ou se mêlant bien avec le fond, leur impact est réduit et elles peuvent être employées sans crainte de surcharger la pièce. Les motifs « à travers lesquels on peut regarder », les dessins de treillage ou de ligne ondoyante par exemple, sont aussi possibles. Les tentures décorées de petites et de grandes

échantillons à gr

*La large rayure du papier peint fait écho au motif du canapé et complète les gros motifs des rideaux. Un papier peint à petits motifs serait passé inaperçu et aurait été trop chargé pour le style simple de cette pièce.*

*Certains motifs sont difficiles à coordonner. Ici, un même motif se répète sur les rideaux et la parure de lit.*

*Un gros motif floral se détachant sur un fond uni flatte l'œil et convient parfaitement à une chambre.*

formes s'imposent souvent moins que celles où se répète un gros motif.

Les rayures sont en général considérées comme un gros motif, mais si elles sont fines, elles se confondent de loin en une couleur plus douce que la leur, et perdent ainsi de leur impact. Les rayures larges à l'inverse, surtout si elles sont bicolores, rétrécissent une pièce. Les rayures verticales donnent bien sûr plus de hauteur aux murs mais, pour un style plus contemporain, appliquez le papier horizontalement pour donner l'illusion que la pièce est plus large.

Les formes géométriques telles que les rayures, les cercles et les carrés connaissent un regain d'intérêt et s'adaptent parfaitement à toutes les pièces. Les fleurs et feuilles de grande taille sont également en vogue et conviennent, si elles sont utilisées avec goût, aussi bien aux séjours et aux salles à manger qu'aux chambres. Le secret consiste à atténuer les « excès » à certains endroits. Réservez les dessins audacieux à un seul mur ou pour décorer des alcôves, et utilisez une couleur unie coordonnée sur les autres murs. Veillez à ce que les alcôves soient assez spacieuses pour le motif choisi et assurez-vous que, sur un grand mur, le motif soit bien centré en le plaçant sur un point de convergence tel qu'un manteau de cheminée.

# tentures
# murales à thème

*échantillons de tentures
en trompe-l'œil*

Depuis la préhistoire, on décore sa maison avec des images ou des scènes quotidiennes, historiques ou, plus récemment, appartenant à des films ou livres pour enfants. Poser une tenture pouvant prendre aussi bien la forme d'une tapisserie médiévale ou de la toile de Jouy du XVIIIe siècle représentant des scènes de la vie rurale que celle d'un papier peint représentant Barbie ou Winnie l'Ourson, situe la pièce dans un contexte particulier. Attention : les motifs pictoraux peuvent donner à une pièce un thème très défini mais peuvent aussi la dominer.

## MODE D'EMPLOI

Prenez en compte la taille de la pièce et l'impact du motif dans cette dernière. Certaines pièces se prêtent mieux aux motifs pictoraux que d'autres. Les salles de bain et les chambres d'enfants par exemple sont les cadres parfaits pour de grandes scènes. Soyez plus prudents pour les pièces où vous passez beaucoup de temps. Si vous en êtes entouré jour et nuit, les urnes grecques perdent leur attrait.

Essayez d'intégrer la tenture à thème au niveau d'un mur ou de deux alcôves par exemple. Ou pensez à une zone où appliquer la

*Un motif classique cadre mieux dans un intérieur traditionnel possédant non seulement l'espace pour le recevoir mais aussi le mobilier pour le compléter.*

tenture sans la laisser dominer. Fabriquez un « cadre » avec du bois ou une frise de papier peint et coupez un morceau de tenture que vous intégrerez. Ou encore, découpez des morceaux de papier peint et utilisez-les pour décorer la porte d'un placard en les recouvrant de couches de vernis non jaunissant.

Quelle que soit la manière dont vous employez une tenture à thème, vous ne pouvez vous permettre de le faire à moitié. Si le thème n'a pas de prolongement ailleurs dans la pièce, le revêtement semblera déplacé. Répétez le thème sur les tissus d'ameublement ou sur les accessoires, mais n'en abusez pas : la ligne que vous suivez doit être des plus subtiles.

*Optez pour l'imitation. Ici, on a créé une fausse cheminée avec un astucieux papier en trompe-l'œil.*

*Dans cette salle de bain, le thème de l'écriture est repris par deux lettres géantes de l'alphabet.*

# associations

*Ici, la cimaise et le pan de mur en descendant sont peints dans deux couleurs différentes reprises par le motif du papier peint.*

À l'instar de la peinture, les tentures s'adaptent très facilement à tout autre type de matériau du moment que le revêtement que vous choisissez a une couleur et un style s'alliant bien avec ce qui l'entoure. Avant de choisir une tenture, tenez compte de l'atmosphère et du style émanant de sa couleur et de son motif. Si ce dernier est régulier et classique, il ne se combinera pas facilement avec des matériaux rustiques comme la pierre, le carrelage non verni et le plâtre nu, à moins que vous ne soyez un décorateur confirmé et imaginatif. Associez-le plutôt à une peinture de coloris similaire et à des matériaux classiques comme carrelage en céramique et le bois poli.

Certains motifs évoquent un style, un pays ou une époque particulière, et conditionnent le choix du reste des matériaux et des finitions. Bien sûr, les règles sont faites pour être transgressées, mais elles servent aussi à guider les moins expérimentés et à les aider à créer un intérieur harmonieux. Voici quelques indications essentielles :

*Des rayures classiques vert foncé donnent le ton à un hôtel particulier style Régence du plus bel effet avec du mobilier de bois sombre et d'autres détails classiques.*

■ **FLEURS ET CARREAUX** Dans les tons pastels ou traditionnels, ils conviennent à un style maison de campagne ou manoir. Associez-les à du pin pour un style rustique ou à du bois plus foncé combiné avec des peintures pastel, de la terre cuite et de l'ardoise pour un effet plus noble. Les motifs floraux modernes aux coloris audacieux

*Les motifs géométriques audacieux peuvent être associés à des finitions relativement extravagantes et contemporaines.*

échantillons de papier peint

s'allient bien avec des peintures de coloris tout aussi audacieux, du carrelage en céramique, du hêtre ou du chêne, et une touche de verre.

■ **RAYURES** Des rayures larges et audacieuses créent un style classique d'hôtel particulier. Les nuances influencent l'atmosphère et les verts foncés, les ors et les bordeaux évoquent des intérieurs victoriens ou style Régence. À associer avec des tons similaires de peinture ainsi qu'avec de l'acajou et du carrelage en céramique. Les rayures plus étroites conviennent à un style maison de campagne.

■ **MOTIFS** Ils varient avec la mode et il est facile de distinguer un motif classique (une fleur de lys) d'un motif contemporain (une spirale). Sélectionnez les autres matériaux en fonction. Pour un style moderne, combinez le motif à du verre, du bois blanchi et un soupçon de métal. Combinez un motif classique avec du bois sombre, des antiquités et des coussins de velours au galon d'or.

pinceaux

échantillon de papier peint

## VIEILLIR DU PAPIER PEINT

*Neuf, le papier peint n'est pas toujours convaincant. Dans les maisons d'époque particulièrement, les tentures récentes sont généralement trop brillantes et trop impeccables par rapport au reste de la pièce. En revanche, un mur qui semble avoir survécu à une ou deux générations possède davantage de caractère et son aspect est plus doux et plus patiné. Pour cette raison, de nombreux décorateurs aiment passer un glacis de couleur sur les nouvelles tentures. Ce type de finition convient moins à un revêtement vinyle qu'à du papier peint ordinaire où il adhère plus efficacement.*

### MATÉRIEL
- ■ Glacis à l'huile
- ■ Tubes de peinture à l'huile couleur brun jaune et noir
- ■ Grand récipient en plastique muni d'un couvercle
- ■ Cuillère ou bâton en bois pour mélanger
- ■ 2 pinceaux doux moyens

### MARCHE À SUIVRE
- ■ Posez le papier peint sur les murs.
- ■ Dans le récipient en plastique, préparez un glacis coloré à partir du glacis à l'huile, de la peinture à l'huile et d'eau, en suivant les instructions suivantes : en général, on recommande de mélanger 1 volume de glacis pour 4 volumes d'eau (4 litres de glacis sont suffisants pour vieillir 40 m² de papier peint). Mélangez la peinture à l'huile (une dose généreuse de terre de Sienne avec une pointe de noir) avec un peu de glacis à l'huile pour la

délayer. Versez goutte à goutte la couleur obtenue dans le glacis. Si vous estimez que vous avez eu la main lourde et que le glacis est trop sombre, rattrapez-le en rajoutant du glacis dilué. La nuance finale devrait être plus sombre de deux tons que la couleur de base du papier peint.

- ■ En travaillant petit bout par petit bout, appliquez une fine couche de glacis coloré avec un pinceau doux puis passez un pinceau sec. Sachez travailler avec mesure pour éviter de saturer le papier ou de faire disparaître le motif du papier peint à coups de pinceau inconsidérés. Plus vous laisserez sécher le glacis et plus l'effet vieilli sera prononcé. Travaillez donc rapidement et par petites surfaces.

échantillons de tissu

agrafes

# TENTURE DE TISSU

*Pour donner un effet doux et isolant à une pièce, couvrez de tissu la partie des murs située entre la plinthe et la cimaise. Ce travail étant délicat, vous devrez vous assurer l'aide d'un ami pour le réaliser.*

## MATÉRIEL

*Voir le premier point pour les quantités*
- De fines baguettes de bois mesurant 2,5 cm x 1,25 cm
- Du tissu solide (serge ou lin par exemple)
- Matériau de plinthe
- Matériau de cimaise
- Clous de 2,5 cm
- Marteau
- Agrafeuse

## MARCHE À SUIVRE

■ Mesurez la circonférence de la pièce, sans compter les portes et autres « vides ». Matériaux nécessaires : des baguettes de bois pour faire deux fois le tour de la pièce et installer des supports verticaux à chaque mètre. Le tissu doit avoir au moins 1,25 m de largeur afin de couvrir le mur jusqu'à la cimaise et doit disposer d'une marge suffisante pour être agrafé au niveau des baguettes. Achetez du tissu d'une longueur équivalente à la circonférence de la pièce, plus un mètre pour les plis des coins. Les longueurs respectives de la cimaise et de la plinthe devront elles aussi correspondre à la circonférence de la pièce sans les vides.

■ Clouez les baguettes à l'horizontale de façon à ce que leurs bords supérieurs soient au même niveau que ceux de la plinthe lorsque celle-ci est plaquée contre le mur. Fixez une autre série de baguettes autour du mur à 90 cm du sol. Entre les baguettes à l'horizontale, fixez tous les 90 cm des baguettes à la verticale.

■ Coupez des longueurs de tissu correspondant aux pans de mur, en laissant 5 cm aux deux bouts afin de pouvoir les rentrer. En commençant par le pan de mur le plus petit, demandez à un ami de tendre le tissu en partant du centre. Tous les 5 cm, agrafez au centre des baguettes horizontales inférieures et supérieures le tissu bien tendu. Les baguettes verticales tiennent le tissu à distance du mur tout en l'empêchant de « bâiller ». Rentrez bien le tissu dans chaque coin et agrafez-le.

■ Une fois tous les pans de tissu agrafés, clouez la cimaise et la plinthe sur les baguettes après avoir aligné leurs bords sur ceux de ces dernières pour éviter qu'il n'y ait des interstices. Peignez-les d'une couleur assortie au tissu.

| REVÊTEMENT | APPLICATIONS |
| --- | --- |
| **PAPIER D'APPRÊT**<br>Sert de base au papier peint ou à la peinture | Le papier d'apprêt remédie aux murs inégaux en offrant une meilleure surface pour appliquer le papier peint, ce qui est utile surtout si celui-ci est de haute qualité. La pose se fait dans le sens horizontal. |
| **PAPIER PEINT IMPRIMÉ**<br>Type de papier peint le plus ordinaire | Ce type de papier offre le plus vaste choix de motifs et de couleurs. Il est souvent lavable à l'éponge et supporte donc un léger nettoyage mais n'est généralement pas recommandé pour les pièces soumises à rude épreuve comme les chambres d'enfants ou les cuisines. |
| **PAPIER VINYLE**<br>Papier couvert d'un film plastique | La pellicule de plastique recouvrant ce papier est presque invisible. Elle lui donne juste un peu plus de brillant que les papiers ordinaires et le rend plus résistant et plus facilement lavable. C'est donc une bonne option pour les couloirs, les chambres d'enfants, les salles de bain et les cuisines, surtout en cas de problèmes de condensation. |
| **PAPIER PEINT LAVABLE**<br>Papier couvert d'un film plastique plus fin | Sa pellicule protectrice étant plus fine que celle du papier vinyle, il est moins robuste que ce dernier. Cela dit, il peut être nettoyé avec un chiffon humide. À utiliser dans les lieux de faible passage comme les chambres et les salles à manger. |
| **FRISE**<br>Bande de papier peint décorative (auto-adhésive ou à encoller) | Les frises constituent une façon rapide et facile d'intégrer des motifs et de créer un thème dans les chambres d'enfants ou les salles de bain. Du fait qu'elles attirent l'attention sur les proportions de la pièce, si elles sont appliquées à la jointure entre le plafond et les murs, ou à la hauteur de la cimaise, elles donneront l'illusion que le plafond est plus bas et feront paraître la pièce plus petite. |

| REVETÊMENT | APPLICATIONS |
|---|---|
| **PAPIER TEXTURÉ ET GAUFRÉ** Papier lourd à motifs en relief | Idéal pour camoufler les murs inégaux ou fissurés ainsi que pour offrir une protection supplémentaire aux murs des zones soumises à rude épreuve comme les couloirs. Ce genre de papier est généralement utilisé en-dessous de la cimaise, recouvert d'une couche de peinture mate ou vinylique satinée et complété par du papier peint ou de la peinture au-dessus de la cimaise. |
| **TISSU DOUBLÉ DE PAPIER** Tissu doublé de papier sur l'envers | Cette finition luxueuse n'est adaptée qu'aux zones de très faible passage comme les chambres d'invités. L'effet qu'elle crée est extrêmement classique. Elle peut requérir un adhésif spécial qu'il faudra veiller à ne pas laisser entrer en contact avec le tissu. |
| **PAPIER À TEXTURE COPEAUX DE BOIS** Papier texturé avec de petits copeaux de bois | Papier bon marché permettant de cacher les imperfections des murs et pouvant être peint. Par le passé, il était très prisé pour les couloirs mais aujourd'hui, malgré l'engouement pour les revêtements texturés, il ne parvient pas à se faire une place au soleil. De plus, il est difficile de le retirer une fois qu'il a été appliqué. |

# la renaissance
# du papier

Le papier peint a fait son grand retour. Relégué au second rang derrière la peinture pendant des années, il est aujourd'hui de nouveau à la mode, et il est grand temps de profiter des possibilités de décoration rapide et de texture qu'il offre. Vous pouvez l'utiliser pour établir le décor ou le thème de votre intérieur. Pour cela, vous n'aurez que l'embarras du choix grâce aux innombrables motifs et textures disponibles.

# carrelage

**DES MURS** aux sols en passant par les dessus de table, le carrelage est le revêtement idéal tant par son aspect décoratif que par sa diversité et sa commodité. Qu'ils recouvrent entièrement une surface ou apportent une touche spéciale, les carreaux offrent un choix sans limite de couleurs, motifs et textures, d'autant plus si vous travaillez leur agencement.

# principes

### TYPES DE CARREAUX

On trouve des carreaux pour toute sorte de supports. Tous seront vus en détail dans ce chapitre mais on peut déjà les diviser en quatre catégories :

■ **CARREAUX DE SOLS** Soit en céramique, soit en matériau naturel, pierre ou ardoise. Ces derniers sont en général carrés ou rectangulaires, tandis que les carreaux de céramique présentent des formes beaucoup plus variées.

■ **CARREAUX MURAUX** Généralement en céramique. De nombreuses formes sont disponibles, mais les carrés et les rectangles restent les plus courantes.

■ **CARREAUX EN RELIEF, POUR PLINTHES ET FRISES** Avec relief apparent ou creusé, ces carreaux conviennent parfaitement pour des finitions ou pour mettre en valeur un carrelage.

■ **MOSAÏQUES** Ces carreaux, en général de petite taille, existent en des coloris très divers et servent à créer un motif ou une image.

### AGENCEMENT

L'agencement le plus classique est l'alignement des carreaux les uns à côté des autres, verticalement et horizontalement. Cette disposition convient tout à fait à un style moderne simple. Elle peut être animée par des coloris et des formes de carreaux variés. Avant de jointoyer

*carreaux muraux*

*carreau de sol naturel*

mosaïques

*Des carreaux en céramique disposés en motif traditionnel pour un hall d'entrée style victorien.*

vos carreaux, pensez tout de même aux différentes dispositions possibles. Vous pouvez les tourner de manière à obtenir un losange ou combiner des carreaux de différentes formes, carrés et rectangulaires par exemple. Cela requiert bien sûr une organisation impeccable, afin que tous les carreaux trouvent leur place sur le support. Veillez à ce qu'ils soient tous positionnés correctement avant de les jointoyer.

## PRÉPARATION DU SUPPORT

Le support qui va accueillir vos carreaux doit avant-tout être bien plat, solide et sec. Toute irrégularité se verra accentuée dès que vous poserez vos carreaux et la colle adhérera moins bien.

Ne posez jamais de carrelage sur du papier peint, car les carreaux ne seront retenus que par la colle à papier. Si le support est une surface peinte, poncez-le avec du papier de verre afin que la colle pénètre bien dans le mur.

Si la surface est déjà carrelée et en bon état, vous pouvez poser vos carreaux par-dessus, mais faites attention à ce que la nouvelle couche ne vous empêche pas d'ouvrir et de fermer vos robinetteries. Poncez les anciens carreaux avec du papier au carbure de silicium pour une meilleure adhésion.

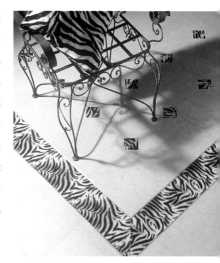

*Jouez l'audace en introduisant des motifs décoratifs, qui donnent à un carrelage beaucoup plus de cachet.*

### ENTRETIEN

Les carreaux résistants s'entretiennent facilement avec de l'eau chaude et un détergent doux. Les carreaux poreux tels que la terre cuite, la céramique et la pierre doivent être imperméabilisés pour éviter les taches. Veillez à essuyer tout liquide le plus vite possible et utilisez un peu de white-spirit pour les taches persistantes. Les joints sont en général plus difficiles à entretenir. Vous pouvez utiliser une eau de javel spéciale (disponible dans les magasins de bricolage).

# carreaux de sol naturels

carreaux de pierre

Rien de surpasse la pierre ou la terre cuite pour un sol simple et naturel. Il existe dans la nature un tel éventail de couleurs, de motifs et de textures que chaque carreau est unique et éternel. Ces carreaux sont plus économiques et plus commodes que les dalles ou les pavés, qui sont beaucoup plus lourds et épais. Ils peuvent être fabriqués à la machine ou à la main, vernis ou non, estampés ou non. Un sol en carrelage présente toutefois des inconvénients ; il est froid, sonore, glissant s'il est mouillé, et le moindre objet échappé risque de s'y briser.

*Les carreaux de terre cuite sont très commodes dans un hall d'entrée spacieux ou dans une cuisine.*

Le choix des carreaux dépend principalement de votre budget ainsi que de la couleur et de la texture désirées. Voici les types de carreaux les plus courants :

■ **TERRE CUITE** Terre durcie par la chaleur. Ces carreaux présentent une grande variété de couleurs, du rouge brique au gris foncé. Diversité de formes et de tailles. Les carreaux fabriqués à la machine sont plus géométriques que ceux faits à la main. Ils retiennent mieux la chaleur que d'autres types de carreaux mais sont poreux et doivent être imperméabilisés.

■ **GRANIT** Ce matériau est particulièrement résistant et imperméable. Toujours tacheté, il peut aller du quasiment noir au blanc moucheté. Il peut être assez glissant, surtout s'il a été poli.

■ **CALCAIRE** Froid, élégant et plus satiné que le granit, le calcaire est poreux (mais peut être traité contre les taches). Ses teintes, toujours claires, varient du beige au gris, et sa surface est tachetée.

■ **GRÈS** Pierre chaude rougeâtre, le grès est poreux et se tache facilement mais revient moins cher que le calcaire. Le Yorkstone, un type de grès, est résistant et non glissant.

■ **MARBRE** Le marbre évoque le « luxe ». Sophistiqué, froid et très cher. Les imitations à bas prix l'ont également converti en un matériau qui, placé dans un décor inapproprié, peut être de mauvais goût.

*Même les intérieurs les plus modernes peuvent disposer d'un sol alliant style et commodité.*

■ **ARDOISE** Couleur variant du vert ou bleu foncé au violet et au noir. Moins cher que le granit ou que le marbre, imperméable et résistant. Demande peu d'entretien mais les teintes foncées se rayent facilement.

*La beauté naturelle de la pierre donne un style et une couleur particuliers à une pièce.*

■ **PIERRE** Ces carreaux fabriqués en série peuvent remplacer la terre cuite mais sont plus froids. Formes et tailles très variées, mais le carré est le plus répandu. Rappellent le style des cuisines et halls victoriens. Différentes teintes de couleur chamois, de marron et de rouge sont disponibles. Ils sont résistants et relativement peu glissants, mais ressentent l'usure du temps.

carreaux de céramique

*Les carreaux noirs et blancs conviennent parfaitement à cette salle de bain tradition-nelle décorée d'un buste romain et d'un élégant rideau orné de feuilles de laurier.*

# céramiques pour le sol

Vous pouvez donner du caractère à une pièce en décorant le sol de motifs et couleurs particuliers. L'ambiance dépendra autant de l'aspect de votre sol que de la couleur de vos murs : prenez donc bien le temps de réfléchir avant de faire votre choix.

Les carreaux de céramique présentent un contour géométrique précis et sont pour cette raison tout appropriés aux intérieurs modernes qui requièrent des finitions régulières. La gamme de coloris est immense : du plus classique et subtil au plus osé et éclatant. Les formes, motifs et textures sont très variés. Pour une maison ancienne telle qu'une demeure victorienne, les céramiques aux motifs et aux couleurs traditionnels conviendront parfaitement dans les entrées et cuisines. Il n'est pas toujours indispensable de faire dans le neuf et le dernier cri : dans les maisons traditionnelles comme dans les plus modernes, ce sera souvent le sol en céramique blanche satinée qui aura le plus de succès, ou encore le style échiquier en noir et blanc. Il faut tout de même reconnaître que les carreaux blancs se salissent plus rapidement que ceux de couleur.

Les carreaux de céramique sont imperméables et résistent bien aux taches ; ils sont donc tout désignés

*La répétition d'un motif simple sur les murs et sur le sol fait naître un sentiment de régularité et d'équilibre dans une pièce de conception irrégulière.*

pour les sols de salle de bain, cuisines ou buanderie. En revanche, il est vrai que les sols de céramique peuvent être froids et glissants et si votre bouteille de parfum vous échappe, elle ne résistera pas. Il peut également arriver qu'un objet plus lourd tombant sur un carreau puisse briser celui-ci.

Si vous posez un sol en céramique, pensez aux limites de votre pièce. Les frises de carreaux permettent de la délimiter ou de lui donner un aspect bien net. Dans un intérieur non cloisonné, vous pouvez par exemple les utiliser pour définir les limites d'un espace et en faire une entité séparée. Dans tout type de maison, vous pouvez donner à une pièce de conception irrégulière avec manteau de cheminée et alcôves un aspect plus ordonné en la bordant d'une frise qui lui conférera un contour régulier.

frise en céramique

# céramiques murales

Les carreaux de céramique sont fabriqués à partir d'argile en poudre raffinée, mise dans des moules puis cuite au four à haute température. Ensuite, une machine les vernit, les estampe ou les décore d'un motif en relief. La peinture est parfois appliquée à la main.

céramiques murales

La pose de carreaux sur les murs ne s'applique pas uniquement aux espaces nécessitant ce type de revêtement. Pensez à utiliser vos céramiques de façon décorative et pas seulement par pure commodité (certains carreaux peints à la main sont de véritables œuvres d'art). Marquez par exemple le contour d'une fenêtre ou d'une alcôve, ou disposez quelques carreaux comme s'il s'agissait de petits tableaux. C'est un excellent moyen d'incorporer des carreaux dont le prix ne vous permet pas de revêtir un mur entier.

Vous pouvez également combiner des carreaux de prix différents mais de même taille. Faites vos choix en fonction de votre budget mais insérez quelques céramiques plus chères afin d'apporter votre touche personnelle.

*Les céramiques jouent ici la commodité, et les couleurs vives ajoutent style et éclat.*

Pour accentuer le style rustique des carreaux faits main, espacez-les d'au moins 5 mm. Pour un style plus moderne et plus soigné, posez les carreaux très près les uns des autres. Utilisez des croisillons pour vous faciliter la tâche.

Les frises sont tout aussi importantes sur un mur que sur un sol. Elles confèrent à un espace carrelé un aspect plus soigné. Les carreaux décoratifs pour les frises sont en général rectangulaires et correspondent à des éléments divers de décoration, rampe, cimaise, lambris ou « bande simple ». Une frise située à mi-hauteur est parfaite dans le cas où vous voulez carreler toute la partie du bas, à moins bien sûr que vous ne choisissiez un revêtement en bois.

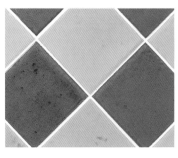

carreaux contrastés

*L'agencement des carreaux en losange derrière l'évier agrandit la salle de bain et crée un contraste avec la disposition plus classique de l'autre mur.*

Aux endroits où le carrelage rejoint un évier ou une baignoire, utilisez un morceau de céramique adéquat et appliquez un joint souple pour l'étanchéité.

# motifs et relief

*carreau en relief*

Introduire des motifs dans un carrelage peut donner un style ou un thème précis à une pièce, tout comme un papier peint à motif marquera son appartenance à une certaine époque, à un pays ou à un mouvement. Le modèle que vous choisirez reflétera l'ambiance recherchée : motif fleuri pour une maison de campagne tranquille, formes géométriques pour une ambiance plus formelle, lignes flottantes style Art nouveau ou un motif à pois pour un effet moderne.

Certains modèles évoquent fortement une époque ou un lieu particuliers. Les traditionnels carreaux à fleurs bleus et blancs évoquent certaines demeures françaises, italiennes ou espagnoles, avec leurs halls d'entrée frais et leurs pièces ensoleillées. Les céramiques plus sombres portant blasons et motifs géométriques évoquent les demeures victoriennes (même si d'un point de vue historique ces carreaux remontent au Moyen Âge et apparaissent également dans de nombreuses églises et monuments religieux anciens).

Lorsque vous choisissez votre motif, pensez bien à la taille de l'espace à revêtir. L'idéal pour les carreaux à motif est de leur réserver des intervalles ou de les utiliser pour décorer

*Certains motifs traditionnels évoquent immédiatement une époque particulière et il ne reste plus qu'à choisir la décoration adéquate.*

*Donnez un thème particulier à une pièce en choisissant les motifs que vous désirez.*

un carrelage classique. En général, les carreaux les plus chargés doivent couvrir une petite surface. On vous conseillera dans de nombreux magasins spécialisés, sinon, pour d'autres idées, reportez-vous aux pages 118 et 119.

Un panneau composé de carreaux à motif peut être du plus bel effet, notamment dans une alcôve et dans une pièce de petite taille, ou encore pour délimiter un espace, derrière une cuisinière par exemple. Avant de choisir votre thème, pensez que ce type de décor ne se change pas tous les jours.

Si vous hésitez à introduire des motifs, vous avez l'alternative des carreaux unis en relief, qui présentent comme leur nom l'indique une seule couleur mais un motif en relief. Cela permet d'alterner les modèles sans que le changement soit trop grand.

# mosaïques

Les mosaïques permettent de jouer sur des couleurs et des motifs subtils mais étonnants et d'égayer tout type de support.

À la base un simple agencement de minuscules carreaux de différentes couleurs, la mosaïque peut devenir, dans les mains d'un professionnel, une véritable œuvre d'art.

La mosaïque est en général utilisée pour couvrir de petites surfaces, en partie parce que la pose d'une multitude de fragments est très longue mais également parce qu'elle produit beaucoup plus d'effet en frise ou en tableau (derrière un évier ou pour des plinthes). Le gros avantage de ces petits carreaux est qu'ils peuvent être posés dans les courbes et s'adaptent facilement à toutes les irrégularités.

*Des fragments de faïences ou de céramiques brisées constitueront la base idéale pour une mosaïque personnalisée.*

Les carreaux de mosaïque sont généralement composés de petits cubes de marbre, de pierre, de terre cuite ou de céramique non laquée, ou encore d'un mélange. La forme carrée est la plus commune mais les formes rectangulaires, hexagonales et rondes sont également disponibles. Comme tout carrelage, la mosaïque peut être froide, mais la grande quantité de joints la rend un peu moins glissante.

Le poids des carreaux de mosaïque est tel qu'il est préférable de les poser sur une dalle en béton. S'il s'agit d'un

*Vous pouvez vous laisser inspirer par les anciennes mosaïques romaines ou vous montrer plus audacieux en créant vous-même un motif étonnant.*

parquet, appliquez auparavant un revêtement en contreplaqué afin que le support soit bien stable.

Des fabricants ont pensé à faciliter la pose en créant des panneaux de carreaux. Les fragments sont présentés préassemblés sur un treillis en métal que l'on applique sur le mur ou sur une couche de papier détachable que l'on imbibe d'eau et que l'on retire après avoir posé les carreaux.

## AUTRES SUPPORTS

Osez vous éloigner de l'usage traditionnel des mosaïques en les appliquant par exemple autour d'un évier, sur une table basse ou un tabouret. Produisez un effet unique avec des vieux pots brisés (inspirez-vous du projet pages 120 et 121).

*mosaïques prêtes à l'emploi*

# formes, couleurs et motifs

*des carreaux aux couleurs vives*

*Un carreau plus petit inséré dans les intervalles réduit la surface consacrée aux grands carreaux et donne un style particulier.*

Que ce soit pour le sol ou pour les murs, la pose d'un carrelage aux motifs et coloris originaux requiert une certaine organisation. Il vous faut d'abord déterminer quel style vous recherchez exactement. Tout comme pour décider de l'aspect général d'une pièce, plongez-vous dans les magazines de décoration intérieure, les catalogues ou même les livres d'histoire, qui vous donneront un grand nombre d'idées.

Lorsque vous avez trouvé une combinaison qui vous plaît, analysez-la. Pourquoi vous plaît-elle ? Pour l'agencement des carreaux, pour le motif ou pour une autre raison encore ? Pensez que votre fournisseur pourrait disposer de carreaux identiques.

N'ayez pas de scrupules à vous inspirer des idées des autres. Veillez seulement à ce que votre combinaison se marie avec les couleurs de la pièce. Pensez par exemple à choisir un coloris proche de celui du tissu si votre pièce en est décorée. Un sol de couleur neutre en pierre ou en dalle s'accordera avec toutes sortes de couleurs, tandis que des carreaux de couleur devront rappeler ou compléter les autres teintes de la pièce.

L'étape suivante consiste à trouver des carreaux pour commencer à créer votre carrelage. Mesurez la surface

Le carrelage noir et blanc est un classique qui produira toujours un effet superbe. En choisissant des carreaux dont la taille convient bien à la grandeur de votre pièce, vous produirez un impact encore plus grand.

carreler et la taille des carreaux. Élaborez ensuite un dessin à l'échelle de votre surface et faites des essais jusqu'à ce que vous ayez trouvé la bonne combinaison. Aidez-vous de crayons de couleur pour reproduire les coloris des carreaux. Si vous voulez composer des petits motifs à partir de plusieurs carreaux, mesurez la grandeur réelle de ceux-ci ou leur grandeur à l'échelle choisie et copiez le coloris ou le motif sur le papier afin de voir les différentes dispositions possibles. Pensez enfin à acheter plus de carreaux que prévu (environ 5% du total), car certains peuvent se briser quand vous les taillerez. À présent, assemblez vos carreaux pour de bon.

Vous pouvez, plutôt que d'associer différents motifs, associer différents matériaux. Ce sol est une combinaison de lattes de bois et de carreaux en métal.

# combinaison

*pierre naturelle*

carreau pour plinthes

Maintenant que vous avez choisi votre carrelage, servez-vous des astuces suivantes pour décorer votre pièce en fonction de celui-ci.

■ **PIERRE NATURELLE** C'est le rêve de tout décorateur, mais son prix peut vous freiner. Les matériaux naturels tels que la pierre conviennent à presque tous les types d'intérieur. Dans un décor moderne froid, combinez la pierre au bois blanchi, au verre, au métal et aux peintures claires, ou suivez un style artisanal ou celui des salles de banquet Tudor, avec des bois foncés, des tissus somptueux, de l'étain et des tableaux.

■ **TERRE CUITE** Pour un style rustique ou méditerranéen, associez ces carreaux avec des murs colorés ou blanchis à la chaux, des meubles simples en bois ou en métal et quelques poteries. Usez peu ou pas de tissu.

■ **CÉRAMIQUES DE SOL** Elles sont toute désignées au style victorien, mais si les tapisseries William Morris vous semblent trop chargées, pensez à un style plus simple.

*Le carrelage et le papier peint sont séparés par une frise à mi-hauteur. Ce revêtement commode a beaucoup de succès dans les halls d'entrée, les cuisines et les salles de bain.*

Dans un hall d'entrée, combinez des céramiques sur le sol et sur le mur jusqu'à hauteur de cimaise, et appliquez une peinture plus claire au-dessus. Pensez à du bois foncé, qui se marie bien avec la teinte des carreaux, et à des vitraux pour la porte d'entrée.

■ **CARREAUX DE SOL BLANCS** Ils seront du plus bel effet dans tout type d'intérieur. Dans un salon moderne, usez le tissu avec modération et mettez plutôt en avant les beaux meubles, le métal et le bois non traité.

Dans une entrée, ajoutez du noir en bordant votre carrelage d'une frise noire et blanche, en suivant un motif géométrique ou en enfilade, et donnez un style sophistiqué avec de grands miroirs ou un élément en marbre.

■ **CÉRAMIQUES MURALES** Une plaque de carrelage de petite dimension mais aux couleurs vives et au motif gai, derrière un évier par exemple, peut compléter un ensemble en regroupant toutes les couleurs de la pièce. Combinez avec des boiseries peintes, un plancher nu et des peintures pour les murs.

■ **MOSAÏQUES** Revêtement antique, la mosaïque est associée à divers décors depuis quelques années. En ce début de xxIe siècle, la mode est de l'associer au chrome, au verre peint et aux bois clairs et de s'en servir pour décorer plutôt que pour recouvrir une surface entière.

*Le carrelage en pierre naturelle n'est pas exclusivement réservé aux maisons de campagne. Il convient très bien à cette cuisine moderne, associé à la chaleur du bois.*

*Un superbe dessus de table constitué de carreaux divers.*

# FRISE À MOTIF

*Transformez une pièce en bordant un carrelage classique d'une frise à motif. Ce projet est le plus compliqué de tous ceux présentés dans cet ouvrage, donc si vous n'avez jamais posé de carrelage, essayez-en un plus simple !*

## MATÉRIEL

- *Carreaux classiques et de frise*
- *Craie*
- *Deux baguettes de bois tendre*
- *Machine à couper les carreaux*
- *Croisillons en plastique*
- *Colle pour carreaux*
- *Joints*
- *Spatules, crantée et lisse*

## MARCHE À SUIVRE

■ Pour poser la frise, travaillez à partir du centre de la pièce comme pour un carrelage classique. Si votre pièce n'est pas carrée, les espaces plus petits qu'un carreau doivent être comblés avec des morceaux de carreaux entre la frise et le mur. Vos calculs doivent tenir compte de cet espace. Réalisez un plan de votre pièce sur du papier graphique.

■ Choisissez les carreaux pour le centre et la frise et remplissez votre plan avec précision en partant du centre pour calculer combien de carreaux seront nécessaires et, si besoin est, l'espace entre la frise et le mur. Achetez environ 5 % de carreaux en plus pour les cassures éventuelles.

■ À l'aide d'un niveau à bulles, clouez en équerre les deux baguettes. Marquez le milieu de deux murs opposés puis tracez une ligne à la craie sur le sol joignant ces deux points. Répétez avec deux autres murs pour que votre sol soit divisé en quatre. Posez vos carreaux de façon équilibrée en partant du centre, en procédant petit à petit dans chaque quart. Pour commencer une nouvelle rangée, posez votre équerre contre la dernière rangée afin que toutes soient bien alignées. Posez votre frise le long de la dernière rangée de carreaux entiers. Il restera une rangée avant le mur, que vous comblerez avec des morceaux de carreaux. Découpez vos carreaux à la bonne taille et placez-les.

■ La pose terminée, vous pouvez coller vos carreaux au ciment, en partant du centre et en travaillant petit à petit, à l'aide d'une spatule crantée. Servez-vous de croisillons entre chaque carreau.

■ Laissez sécher. Le jour suivant, retirez les croisillons et appliquez les joints avec une spatule lisse. Laissez sécher une heure puis quitter l'excédent avec une éponge humide.

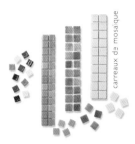

# UN MIROIR EN MOSAÏQUE

*Aujourd'hui, avec les panneaux de carreaux prêts à l'emploi, il est facile de combiner les mosaïques. Il est cependant presque aussi simple (et plus gratifiant) de créer votre propre décoration.*

## MATÉRIEL

- Miroir à bord plat en pin ou aggloméré
- Grandes feuilles de papier fort
- Scotch
- Crayons de couleur
- Règle
- Carreaux de mosaïque
- Petits croisillons en plastique
- Colle
- Ciment colle ou joint
- Éponge humide
- Un chiffon doux et sec

## MARCHE À SUIVRE

■ Choisissez la taille de vos carreaux, dont dépendra la largeur du cadre. Celui-ci doit être assez grand pour permettre la réalisation d'un motif et doit avoir une surface bien lisse. Dans l'exemple, la largeur accueille quatre carreaux, plus 1cm supplémentaire pour les croisillons et les joints. Vous devez pouvoir trouver en magasin un cadre dont les proportions seront équivalentes. Il doit être assez solide pour supporter le poids des carreaux et celui du miroir une fois accroché au mur.

■ Avec du papier fort, réalisez un cadre de même dimension (en collant plusieurs feuilles avec du scotch si nécessaire). Calculez le nombre de carreaux dont vous aurez besoin et dessinez une grille pour leur emplacement sur le papier. Créez votre motif avec des crayons de couleur afin de savoir combien de carreaux de chaque coloris acheter.

■ Achetez vos carreaux et agencez-les sur le cadre en papier. Couvrez entièrement la surface du cadre en bois d'environ 3 mm de colle et disposez vos carreaux un à un en les transposant du papier au cadre de façon à reproduire le motif. Utilisez des petits croisillons afin de laisser un espace suffisant pour les joints. Laissez sécher la colle.

■ Retirez les croisillons et recouvrez toute la surface du cadre avec des joints pour carrelage (blancs ou colorés selon vos préférences), en veillant à bien combler tous les espaces et tous les coins.

■ Laissez sécher environ une demi-heure avant de retirer l'excédent à l'aide d'une éponge humide. Pour finir, frottez les mosaïques avec un chiffon sec.

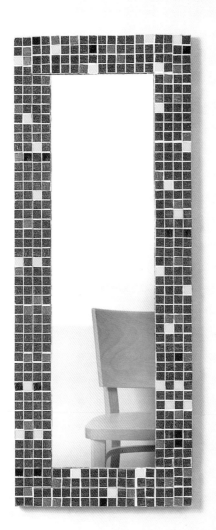

| REVÊTEMENT | APPLICATIONS |
|---|---|
| **CARREAUX DE CÉRAMIQUE** Argile cuite au four et vernie. Diversité des couleurs | La céramique convient pour les sols et pour les murs. Pour le sol, veiller à choisir des carreaux bien solides. Ce type de carrelage peut être froid et glissant s'il est mouillé mais joue l'atout de la commodité dans cuisines et salles de bain. |
| **MOSAÏQUE** Motif composé à partir de multiples fragments de verre coloré, de carrelage ou de pierre | Colorées et très à la mode, les mosaïques recouvriront joliment un dessus de table, le panneau d'un plan de cuisson, une cabine de douche ou un sol de petite dimension. Pensez à l'inconvénient de la grande surface couverte par les joints, qu'il faut nettoyer pour éviter décoloration et infection par les microbes. |
| **CARREAUX DE SOL EN TERRE CUITE** Terre cuite au four | Disponibles en diverses formes et tailles, ces carreaux peuvent être fabriqués artisanalement ou à la machine. Les couleurs vont du rouge brique au gris foncé. Ils retiennent davantage la chaleur que d'autres carreaux mais sont poreux et doivent être traités. Ils sont tout désignés à un sol de cuisine, particulièrement dans une maison rustique. |
| **CARREAUX DE SOL EN CALCAIRE** Carreaux de teinte claire, du beige au gris, à la surface tachetée. Le Portland en est une variété | Froid et élégant, le calcaire convient aux intérieurs traditionnels et modernes et sera du plus bel effet sur des surfaces de grande dimension. C'est un matériau poreux qui doit être traité contre les taches. |

| REVÊTEMENT | APPLICATIONS |
|---|---|
| **CARREAUX DE GRÈS** Pierre chaude de couleur rougeâtre. Le Yorkstone en est une variété | Résistant et non glissant, le grès convient parfaitement dans cuisines et halls d'entrée de style rustique. Il est poreux et se tache facilement, mais son prix de revient est moins élevé que celui du calcaire. |
| **CARREAUX DE MARBRE** Matériau onéreux. Veiné, avec teintes de crème à gris | Sophistiqué, élégant et froid, le marbre sera parfait dans un vestibule somptueux. Dans une salle de bain, vous pouvez le combiner avec des meubles décorés d'un élément en marbre. Très glissant s'il est mouillé. |
| **CARREAUX DE SOL EN ARDOISE** Teintes foncées allant du vert et bleu profond au violet et au noir | Meilleur marché que le granit ou le marbre, l'ardoise est également imperméable et résistante. Elle demande peu d'entretien mais les teintes les plus foncées se rayent facilement. Vous pouvez l'employer dans une cuisine traditionnelle ou moderne. Les teintes bleu-gris se marient bien avec le verre, le chrome et l'acier inoxydable. |
| **CARREAUX DE PIERRE** Carreaux fabriqués en série. Peuvent offrir une alternative à la terre cuite fabriquée manuellement | Les couleurs les plus courantes sont la couleur chamois, le marron et le rouge, appropriés à des cuisines de style traditionnel. Résistante et non glissante, la pierre est commode dans les cuisines, même si elle s'abîme avec le temps. |

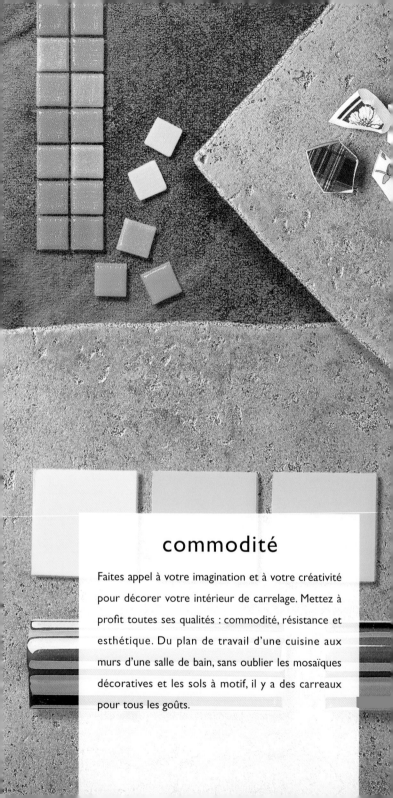

# commodité

Faites appel à votre imagination et à votre créativité pour décorer votre intérieur de carrelage. Mettez à profit toutes ses qualités : commodité, résistance et esthétique. Du plan de travail d'une cuisine aux murs d'une salle de bain, sans oublier les mosaïques décoratives et les sols à motif, il y a des carreaux pour tous les goûts.

# bois

**NATUREL,** simple et chaleureux, ce matériau éternel produit autant d'effet dans un intérieur contemporain sobre que dans une maison rustique. Vous pouvez l'utiliser, l'apprécier et le regarder embellir au fil des ans.

# principes

Les nœuds, le grain et les tons chaleureux du bois sont sans comparaison avec les matériaux artificiels. Le bois embellit avec le temps.

Les murs recouverts de bois donnent aux pièces une touche personnelle et un style traditionnel.

L'utilisation domestique du bois a toujours été très répandue, de toute évidence en raison de sa polyvalence. Utilisé sur de larges surfaces, telles les sols, il produit autant d'effet seul ou comme faire-valoir pour le mobilier ou la décoration, d'une façon qui ne souffre aucune comparaison avec les tapis ou autre revêtements de sol.

La popularité du bois s'explique en partie par son caractère naturel, ce qui permet de le combiner facilement à des finitions artificielles. En outre la variété quasi infinie de ses formes et couleurs en fait un élément de décoration plus intéressant, qui s'intègre davantage à l'environnement que les matériaux fabriqués artificiellement, et est d'autant plus agréable à l'œil.

Le bois est d'ores et déjà considéré comme une finition idéale pour les sols, les châssis des fenêtres et les portes, sans oublier son usage potentiel dans la finition des murs et des plafonds, ou encore comme plan de travail dans une cuisine ou un bureau. Dans votre intérieur, le bois ne doit pas nécessairement être naturel ou vernis. Il s'adapte aux colorations, à la peinture ou autres décorations.

*Le bois se marie aussi bien à un intérieur contemporain, associé à du verre et du chrome, que plus traditionnel, combiné aux ornements de cuivre et fenêtres à guillotine.*

*clous*

## FAIRE SON CHOIX

Le bois étant utilisé et apprécié depuis très long-temps, de nombreux modèles et applications ont vu le jour au gré des modes et des époques. Il est possible de choisir entre plusieurs dizaines de types de bois *(voir pages 128–129)* et de l'acquérir sous des formes diverses : bandes, feuilles, blocs, planches, mosaïques ou parquet.

Vous pouvez également acheter le bois fraîchement découpé ou laisser libre cours à votre spontanéité en récoltant du bois brut et usé parmi les décombres d'un immeuble.

### ENTRETIEN

Les qualités naturelles du bois en font un investissement durable. Alors que la plupart des surfaces artificielles se détériorent au fil du temps, le bois gagne en style et le moindre petit choc lui confère davantage de charme. Le bois pouvant s'altérer avec l'humidité, son usage est déconseillé pour des pièces humides, telles les salles de bains, sauf si elles sont assez aérées. Protégez vos planchers des talons aiguille et du gravier, poncez-les et vernissez-les régulièrement.

# types de bois

*Les bois décolorés et poncés produisent un effet simple et permettent d'éviter le ton orangé plus agressif du pin.*

*L'érable confère une touche de chaleur aux intérieurs modernes de briques, verre et chrome.*

Profitez des nombreuses variétés de bois disponibles. Quelle que soit la teinte désirée pour la finition, très claire ou d'un brun soutenu, vous trouverez le bois adapté. Veillez toutefois à choisir un bois provenant d'une source renouvelable et non d'une forêt équatoriale ou d'une réserve naturelle. N'achetez du bois tropical d'importation que s'il a été certifié par un organisme comme le Forest Stewardship Council ou s'il comporte le sceau Good Wood.

Outre la couleur du bois, sa résistance ou son modèle peuvent aussi vous guider dans votre choix. La densité et la fibre du bois dépendront de la partie choisie ou de la coupe. Ainsi, plus la fibre finale est résistante, plus le quartier débité, en coupe transversale, sera dur, produisant ainsi

hêtre

teck

érable

pin jaune

chêne

une fibre plus uniforme. Le bois débité d'un ton uni, particulièrement le bois tendre, comporte beaucoup de nœuds et s'avère moins résistant, mais il est peu onéreux et facile à trouver.

Les variétés les plus courantes de bois sont :

■ **LE PIN** Un bois tendre et clair qui devient jaune doré s'il est verni. Très économique, il est toutefois moins durable que les autres types de bois.

■ **LE CHÊNE** Le bois de recouvrement par excellence. Il existe plusieurs variétés (américain, anglais ou français) de couleurs différentes. De fibre épaisse, il est très résistant et ne moisit pas.

■ **L'ACAJOU** Ce bois tropical en voie de disparition doit être acquis en quantités modérées. De couleur brun foncé, il est encore utilisé pour le mobilier et les portes.

■ **L'ORME** Ce bois de couleur foncée est très résistant et ne craint pas l'humidité.

■ **L'ÉRABLE** Ce bois de teinte rouge doré et à la fibre aérée est utilisé pour le revêtement de sol car il est résistant et ne craque pas sous les pas.

■ **LE HÊTRE** D'une teinte claire et d'une texture fine, il est souvent utilisé pour le parquetage.

■ **LE FRÊNE** Bois clair, aux fibres longilignes et à la texture épaisse.

Voir le tableau des applications (page 146) pour plus d'informations. Consultez un professionnel au sujet de la force du bois, ses défauts, sa résistance au feu, aux parasites et aux bactéries. Des différences se manifestent parfois entre lots d'un même bois.

# autres types de bois

*Le revêtement contreplaqué se constitue de bois tendre ou composite, d'une fine couche de bois dur et d'une surface contreplaquée de protection. Sa structure de cannelures et de lamelles facilite l'assemblage des pièces.*

*La peinture des finitions de bois, comme le contreplaqué ou l'aggloméré , leur donne un aspect radicalement différent.*

En raison de la popularité du bois et du caractère limité de ses réserves, la production de bois naturel ou de bois « adapté » a connu un succès croissant au cours des dernières années. Ainsi, il n'est pas vraiment nécessaire de disposer de bois naturel si on veut peindre sa surface. De même, si vous désirez un intérieur à la dernière mode, pourquoi ne pas approfondir le thème de la fonctionnalité et de l'utilité et opter pour un plancher en contreplaqué ? Cela vous permettra avant tout d'économiser beaucoup d'argent.

## LE CONTREPLAQUÉ

Longtemps considéré comme artificiel et sans goût, le contreplaqué est à présent du dernier cri. Réalisé à partir de petites pièces de bois (en général du bouleau) fixées en angle droit, le contreplaqué est étonnamment résistant, surtout s'il est constitué de bouleau dur. Les panneaux, d'une épaisseur de 20 mm, sont débités en carrés, en lamelles et cannelés pour faciliter leur pose sur le sol et les murs. Une fois posé, il doit être poncé délicatement et verni pour lui donner de l'éclat. Vous pouvez aussi le peindre. Il se détériore avec le temps mais il est peu onéreux.

## LANCHES D'AGGLOMÉRÉ

ommunément appelée aggloméré, ce
natériau a été recommandé dans
lusieurs émissions de bricolage.

on marché, facile à débiter selon la forme

oulue (respectez le port du masque lors de cette

tape) et très uniforme, l'aggloméré est vendu sous

orme de panneaux de tailles différentes et s'utilise

ussi bien pour le recouvrement des murs ou du

nobilier de cuisine et de salle de bain.

*La surface lisse de l'aggloméré est idéale pour la finition à la peinture ou les autres effets. Elle doit être apprêtée avec un apprêteur spécial ou un mélange de peinture et de PVA.*

## AMINAGE

e bois laminé est un revêtement de sol peu oné-
eux. Une fine couche de bois dur est plaquée sur
u bois tendre ou composite et laminée, pour
rotéger le bois. Le laminage rend le vernissage
es planches inutile, mais celles-ci ne peuvent être
oncées.

*Les planchers laminés ont un aspect brillant et moderne. Ils ne peuvent toutefois être poncés comme les parquets.*

# les bois clairs

panneaux de bois clair

Les bois clairs confèrent une touche de fraîcheur et de modernité. Leur éventail de tons pâles et neutres est particulièrement adapté aux intérieurs modernes. Souvent associés au style scandinave, les bois clairs donnent un aspect chaleureux et raffiné aux intérieurs les plus neutres, et peuvent être utilisés pour les plans de travail, les étagères, les rampes d'escalier ou le revêtement du sol. Si vous optez pour un style simple et fonctionnel, vous pourrez apprécier à leur juste mesure la finesse et la teinte du bois clair, dont les qualités demeurent inégalées par les autres finitions.

*Le bois donne un aspect pur et uniforme au mobilier. Ci-dessous, dans un loft, un lit avec armoire encastrée du même bois occupent au mieux l'espace disponible sans pour autant l'encombrer.*

## LE BOIS NEUF

Pour obtenir une teinte claire, il vous faudra chauler ou décolorer des meubles et des planches (voir page 139), ou acquérir du bois neuf de teinte claire, comme le hêtre, le frêne ou le chêne clair. À l'état naturel, le pin est aussi un bois clair mais, une fois verni, il prend une coloration orangée assez vive.

Le chêne produit un effet superbe mais peut s'avérer très coûteux. Le bouleau pressé à sec est moins onéreux mais plus dur que le chêne. En règle générale, le prix des bandes est proportionnel

eur taille, mais les bandes plus larges ont beaucoup plus de style.

Les revêtements de sol et de mobilier en bois dur solides s'avèrent onéreux et il vaut mieux faire appel à un professionnel pour leur installation. Veillez ensuite à protéger la surface d'une façon ou d'une autre, surtout s'il s'agit d'un parquet. Les lamelles de plancher sont parfois traitées préalablement avec un solidifiant à base d'acrylique. Dans le cas contraire, appliquez plusieurs couches de vernis (voir page 138).

*Même le bois clair peut donner une touche chaleureuse. Ci-dessus, un hall d'entrée froid et moderne prend un aspect différent grâce à la couleur et à l'apparence du bois. Le contraste du bois et des murs de teinte claire met en évidence la splendide cage d'escalier.*

# les bois foncés

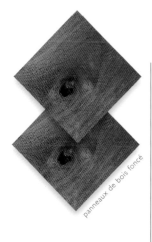

panneaux de bois foncé

Les bois foncés rappellent la splendeur des manoir
d'antan. Les panneaux muraux, les planchers, le
poutres apparentes au plafond et le mobilier d
bois sombre évoquent instantanément le passé.

## REDÉCOUVRIR LE BOIS ANCIEN

Rien n'est plus agréable que de soulever le coi
d'un vieux tapis et de découvrir dessous un parque
de bois. La majorité des parquets des maisons de
XIX$^e$ et XX$^e$ siècles sont en pin et posés horizontale
ment sur le sol. Le pin étant un bois tendre, il est fa
cile à poncer. Si la couleur du bois est trop claire
votre goût, il vous sera relativement aisé d'achete
et d'appliquer des teintures et vernis qui vous per
mettront d'obscurcir le bois jusqu'à obtention de l
teinte désirée. Dans les demeures les plus ancien
nes, vous pourrez trouver de larges planches d
chêne ou même des lamelles étroite
d'acajou. De toute manière, quelque
jours suffiront pour poncer, colorer e
vernir de vieilles planches en vu
d'obtenir un plancher à l'effet superb
adapté aux intérieurs traditionnels o
modernes. Les lattes pour plancher
restaurées s'avèrent également trè
pratiques si elles sont suffisammer
résistantes.

   Si vous optez pour un style plu
original et personnel, pourquoi ne pa

*Le bois, par sa couleur, ses
motifs et ses détails, suffit
souvent à décorer une pièce.
Ci-dessous, les poutres apparentes s'adaptent à l'âge et
à la taille d'une propriété en
respectant ses caractéristiques
propres.*

choisir la parqueterie (des morceaux de bois assemblés sous forme de motifs géométriques) ou la marqueterie (du bois incrusté dans un autre type de bois) ? L'usage de ces deux techniques remonte au XVIIᵉ siècle mais celles-ci conviennent encore pour la plupart des intérieurs, surtout pour le bois sombre. Inspirez-vous du style victorien, qui combine parqueterie et marqueterie sous la forme d'une bordure sur le pourtour du plancher ; disposez éventuellement un tapis au centre. La parqueterie et la marqueterie vous permettront d'intégrer à moindre frais dans votre intérieur des bois trop onéreux pour recouvrir une grande surface, tels le noisetier ou le cerisier d'Amérique.

*Les panneaux muraux créent une atmosphère chaleureuse et dissimulent de manière idéale les imperfections. Vous risquez bien sûr de perdre un peu d'espace dans la pièce, et celle-ci pourra sembler plus sombre. Utilisez donc de préférence ce type de panneaux là où une forte luminosité n'est pas essentielle.*

# préparation du bois

Si vous désirez utiliser au maximum le bois présent dans votre intérieur, vous devrez probablement restaurer ou réparer les finitions. Vous désirez peut-être appliquer une couche de peinture, de colorant ou de vernis, ou encore réaliser un des projets décrits dans ce chapitre ? Quelle que soit la tâche, vous devrez préparer le bois au préalable.

*Avant de redécorer votre vieux plancher de bois, celui-ci devra être poncé, voire décapé. Si vous avez l'intention de le peindre, un léger ponçage manuel suffira. Pour les autres finitions, utilisez de préférence une ponceuse industrielle.*

Même le bois flambant neuf requiert quelque attention et préparation. Il importe de faire sécher le bois avant la pose. Cela lui permet de s'adapter au taux d'humidité et à la température de la pièce où il sera posé. Dans une pièce chauffée, le bois récemment coupé perd une partie de son volume et de son humidité naturelle ; un temps d'attente doit donc être respecté avant la pose. La plupart des fabricants fournissent du bois prêt à la pose.

Le bois ancien devra au minimum être poncé ou encore décapé avant utilisation, ce qui implique un effort physique considérable. Si vous travaillez sur un meuble ou une porte pouvant être déplacés ou si vous désirez éviter de travailler avec des outils ou un décapant chimique, confiez cette tâche à une entreprise.

Les surfaces de grandes dimensions, comme les planchers, doivent être poncées à la machine, sauf si le plancher est déjà très uniforme ou si vous avez l'intention de le peindre avec une peinture spéciale pour plancher, auquel cas vous pourrez vous contenter d'un ponçage rapide à la main. Il est en général conseillé de louer une ponceuse industrielle. Si le plancher a été peint, vous devrez retirer au préalable la majeure partie de la peinture avec une ponceuse thermique pour éviter que la peinture encrasse le papier de ponçage. Ensuite, veillez à écraser les clous protubérants et à retirer les agrafes, car ils adhéreraient au papier de ponçage, vous faisant perdre du temps et de l'argent. Si vous ne vous sentez pas assez à l'aise pour effectuer ce travail, il est préférable de faire appel à un professionnel.

*Le bois posé récemment devra être protégé par plusieurs couches de vernis : un vernis à reflet donnera un éclat brillant ; un vernis satin un effet plus mat.*

Après le ponçage, conservez un peu de sciure et mélangez-la à de la colle ou à du mastic pour bois pour obtenir une consistance plus ferme. Utilisez ce mélange pour boucher les espaces entre les lattes. Cela améliorera la finition et réduira le passage de l'air.

# décoration et
# finition du bois

*vernis*

Avant d'envisager la finition d'une surface de bois, il importe de décider si vous préférez mettre en évidence la beauté naturelle du bois ou utiliser ce dernier comme une surface neutre sur laquelle vous serez libre d'ajouter vos propres motifs et couleurs. Si vous optez pour la première possibilité, il est préférable de choisir des finitions qui feront ressortir le grain ou encore la couleur du bois, comme le vernis, les colorants légers, le badigeonnage ou le chaulage. Dans le cas contraire, vous pourrez laissez libre cours à votre créativité en faisant usage de tout type de peintures ou colorants.

## LE VERNIS

Une couche de vernis mettra en évidence les fibres et la couleur du bois. Le pin a toutefois tendance à développer des tons orangés. La plupart des vernis ont tendance à jaunir ou à assombrir quelque peu le bois, mais dans une moindre mesure que par le passé. Le vernis acrylique ne jaunit pas. Choisissez aussi le reflet : brillant, mat ou encore un reflet intermédiaire. Le vernis brillant est plus résistant mais sèche plus lentement. Appliquez au moins trois couches et de préférence cinq s'il s'agit d'un lieu de passage fréquent.

*Les lattes de pin récemment poncées semblent très claires mais ont un ton éclatant et chaleureux une fois vernies.*

## ÉCLAIRCIR LE BOIS

Pour éviter que le pin prenne une coloration orangée avec le vernis, il est
préférable d'éclaircir le vernis au préalable pour lui donner une teinte plus
claire selon le style suédois. Le brossage
éclaircit le bois et le décolore (faites
d'abord un essai sur une surface réduite). Pour un effet moins soutenu,
utilisez un vernis blanc ou une teinture

pour bois, mais ces derniers peuvent s'avérer très
onéreux. Vous pouvez aussi chauler le bois avec de la
peinture blanche, de la cire chaulante ou enduire la
fibre de plâtre. Enlevez le surplus de plâtre et passez
au chiffon pour faire pénétrer. Répétez jusqu'à obtention d'une légère couche de couleur sur toute la
surface du bois.

*La décoloration donne au bois un style suranné parfaitement adapté aux tons clairs.*

## OBSCURCIR LE BOIS

Si vous préférez des tons acajou pour votre plancher
en pin, utilisez une coloration spéciale pour bois. Les
colorations pour bois peuvent aussi être appliquées
avant la pose des lattes de plancher neuves pour
adapter leur teinte à celle du plancher.

*Les colorations pour bois vous permettent de modifier l'aspect du bois à moindre frais.*

# association

*Dans une pièce moderne, combinez les bois neufs et les peintures aux teintes claires.*

*Même les panneaux de bois ont un aspect moderne après une couche de peinture coquille d'oeuf.*

Très prisé des décorateurs, le bois est un matériau naturel adapté à la majorité des finitions. Certains modèles et tons sont malgré tout caractéristiques de certains styles (tout comme les modèles choisis en fonction de la longueur et de l'orientation d'une pièce). Si vous envisagez d'aménager un plancher, les indications ci-après seront peut-être utiles :

■ **PIN VERNIS ET LATTES DE CHÊNE** Ces incontournables planchers sont très demandés depuis une vingtaine d'années. De nos jours, un plancher vernis rime encore avec chaleur et personnalité, mais la mode n'est plus au respect d'un style dans ses moindres détails pour les demeures anciennes. Si le caractère esthétique et fonctionnel d'un plancher à lattes est encore apprécié, ce type de plancher n'en est pas moins associé à des éléments divers, des décorations les plus rustiques aux cloisons de verre et à l'aquapeinture. Tous les styles sont possibles.

■ **CONTREPLAQUÉ ET AGGLOMÉRÉ** Utilisés comme des panneaux vernis sur les murs ou le sol, ces finitions à caractère moderne allient simplicité et fonctionnalité. Ils sont particulièrement adaptés aux espaces de rangement, aux étagères de verre, aux murs peints en blanc et, idéalement, à quelques chaises Le Corbusier. Le contreplaqué et l'aggloméré vous permettent toutefois d'adapter la décoration à vos goûts en matière de style.

■ **PLANCHERS PEINTS** Un plancher peint dans un ton uni peut mettre en valeur un intérieur simple et moderne (surtout peint en blanc ou en noir) tout comme une chambre de style rustique, s'il est associé au vichy ou à des motifs à fleurs. Les planchers

chaulés s'adaptent également aux maisons de ville et de campagne. En revanche, les nettoyages à la couleur et la pochage sont plus caractéristiques de l'art populaire américain (rouge sang et vert) ou du style rustique scandinave (bleus clairs, gris pâles et verts menthe).

*Un plancher peint et des meubles de bois et d'osier produisent un effet simple et classique.*

■ **BOISERIES À RAINURES** Les planches de pin à

*Une couleur transparente fait ressortir le grain du bois.*

rainures, un classique du revêtement de mur, produisent leur meilleur effet si elles sont peintes à l'huile ou nettoyées à la couleur pour mettre le grain en évidence (dans une telle pièce, vous aurez l'impression de vous retrouver dans un sauna). Souvent utilisées dans les salles de bain à mi-hauteur, ces boiseries se combinent avec d'autres bois et matériaux clairs tels le tapis en coco, la pierre et le plâtre.

pinceaux

peinture à l'huile

# BORDURE DÉCORÉE AU POCHOIR

*Une fois peints, colorés ou peint au lavis, les planchers prennent un aspect superbe. Les dessins au pochoir peuvent également les mettre en valeur de façon surprenante. Nous avons choisi de procéder aux finitions d'un plancher de style moderne avec des dessins au pochoir.*

## MATÉRIEL

- Papier de verre
- Mastic
- Peinture ou couleur pour bois
- Papier à cartouche ou planche fine
- Feuille d'acétate transparente
- Cutter
- Planche à découper
- Peinture pour pochoir sur sol
- Papier-cache adhésif
- Pinceau de taille moyenne
- Pinceau de petite taille
- Vernis pour sol mat ou brillant

## MARCHE À SUIVRE

- Préparez le plancher avec soin ; retirez les clous saillants, poncez légèrement et bouchez les trous au mastic.
- Peignez ou colorez les lattes avec la couleur de base, selon les indications du fabricant, et laissez sécher.
- Préparez votre pochoir en dessinant une figure géométrique simple *(voir* ci-contre) sur le papier à cartouche et tracez-la sur la feuille d'acétate. Déposez l'acétate sur le papier et placez-les sur une planche à découper. Découpez le pochoir au cutter. Taillez les bords saillants.

- Mesurez les emplacements des motifs. Calculez les répétitions et marquez-les à la craie, en prévoyant suffisamment de place pour des figures complètes. Mesurez la distance entre les plinthes et les dessins, de sorte que ces derniers soient toujours à égale distance du mur. Une fois les emplacements marqués à la craie, fixez le pochoir dans un coin avec du papier à cartouche adhésif et remplissez-le soigneusement de la couleur de votre choix au moyen d'un pinceau de taille moyenne.

- Retirez ensuite le papier et le pochoir, nettoyez l'excédent de peinture et passez à l'emplacement suivant. Ci-contre, les bordures ont été mises en évidence en peignant l'espace entre deux lignes droites de papier-cache adhésif.

- Une fois la bordure terminée, laissez sécher. Passez ensuite une couche protectrice de vernis pour sol mat ou brillant.

lamelles à rainures

# BOISERIES À RAINURES

**Voici une façon esthétique et simple à la fois de mettre le bois en valeur. Il est possible d'acheter des lamelles prédécoupées pour boiseries à rainures qu'il vous suffira d'assembler. Vous pouvez aussi remplacer les clous et le marteau par de la colle pour lambris.**

## MATÉRIEL
- Lamelles à rainures
- Planche pour plinthes
- Rail pour lambris d'appui
(voir quantité ci-dessous)
- Niveau à bulle
- Crayon
- Adhésif pour panneaux
- Huile mate pour la finition

## MARCHE À SUIVRE
- Retirez toutes les planches existantes. Mesurez le pourtour de la pièce, en tenant compte des espaces réservés aux portes, armoires, fenêtres, etc. Mesurez la hauteur de l'emplacement du rail, pour connaître la longueur précise des lamelles. Achetez ensuite la quantité nécessaire de lamelles à rainures, de rails pour lambris d'appui et de lamelles pour plinthes.
- En vous aidant d'un niveau à bulle, tracez une fine ligne au crayon sur les pourtours au niveau de la limite supérieure des boiseries.
- Auparavant, les bandes de bois étaient assemblées et discrètement clouées sur

des lattes fixées aux murs. À présent, vous pouvez éviter ce travail en achetant de l'adhésif très résistant qui vous permettra de fixer les bandes à même le mur. Assemblez les bandes les unes à la suite des autres, en laissant couler un peu de colle sur chaque côté. Assurez-vous à l'aide du niveau que les lignes sont horizontales et verticales.

- Utilisez le même adhésif pour fixer le rail et les plinthes au sommet et à la base en veillant à ouvrir les extrémités irrégulières pour une finition soignée.
- Couvrez ensuite avec une coloration ou une peinture en harmonie avec les couleurs de l'ensemble. Ci-contre, nous avons appliqué deux couches de peinture à l'huile mate d'un ton orange vif.

| REVÊTEMENT | APPLICATIONS |
|---|---|
| **BOISERIES À RAINURES** <br> Revêtement mural de bois traditionnel | Utiles pour masquer les imperfections du mur ou couvrir les vieilles tuiles, les planches de pin à rainures peuvent être vernies, recouvertes de peinture à l'huile ou peintes au lavis, ce qui fait ressortir le grain du bois. Ce revêtement peut être utilisé à la fois pour les intérieurs informels et les salles de bain, et se combine avec des matériaux naturels tels le tapis en coco, la pierre ou le plâtre. |
| **CONTREPLAQUÉ** <br> Fines couches de bois collées sous pression pour créer une planche de structure solide | Cette finition fonctionnelle et peu onéreuse peut être appliquée sous forme de panneaux vernis ou peints sur les murs et le plancher. Son usage est toutefois limité aux applications de structure simple. |
| **PLANCHES D'AGGLOMÉRÉ** <br> Substitut synthétique au bois | L'aggloméré peut être découpé facilement avec une scie à chantourner et prendre ainsi n'importe quelle forme (veillez à porter un masque). Il ne requiert aucun ponçage et son aspect lisse le rend aisé à peindre. Cela explique son usage répandu pour le mobilier, les portes d'armoire, les paravents, les volets, les dessus de table, etc. Recouvrez-le d'abord d'une couche d'apprêt spéciale (disponible dans les magasins de bricolage) ou d'un mélange de 5 volumes de peinture de finition pour 1 volume de colle PVA. |
| **PLANCHER EN LATTES DE PIN** | Ce revêtement traditionnel est très prisé dans les demeures anciennes, à la campagne et à la ville. Poncé, éventuellement peint ou décoloré, puis vernis, il est fonctionnel, résistant, durable et embellit avec le temps. Recouvert de tapis, il prend un aspect chaleureux et confortable. |

| REVÊTEMENT | APPLICATIONS |
|---|---|
| **MARQUETERIE**<br>Ensemble de plaques de bois incrustées, assemblées pour former un motif | Cette finition très prisée pour le mobilier est également utilisée pour créer des motifs esthétiques au centre ou sur les pourtours d'un plancher de bois. Elle permet également d'utiliser à moindre coût des bois trop onéreux pour être appliqués sur de grandes surfaces, comme le noisetier ou le cerisier d'Amérique. |
| **PARQUETERIE**<br>Revêtement de morceaux de bois dur assemblés à des fins décoratives | Si, comme la marqueterie, la parqueterie est surtout utilisée pour le mobilier, elle convient aussi pour les planchers. La cire fera ressortir les couleurs naturelles du bois. Son style évoque les intérieurs géorgiens et art déco. À utiliser pour les halls d'entrée, les salons (avec des tapis) et les salles de séjour. |
| **REVÊTEMENT DE BOIS NEUF**<br>Pin solide, hêtre, frêne et chêne clair | Ce plancher vous permet d'obtenir une finition plus uniforme et plus précise que celle des planchers traditionnels. Il convient à tous les intérieurs mais est particulièrement indiqué au style moderne. Une fois posé, il doit être poncé et vernis. Il conservera tout son éclat et durera plus longtemps si vous le poncez et le vernissez régulièrement. |
| **BOIS STRATIFIÉ**<br>Contreplaqué recouvert d'une fine couche de bois naturel protégé par un lamellé | Ce moyen économique de remplacer les planchers de bois solide présente également, si le lamellé est de qualité, une résistance remarquable aux taches, aux talons aiguille et aux brûlures de cigarettes. Toutefois, une fois abîmé, il ne peut être reponcé. Il convient pour les salons, les salles de séjour et les chambres à coucher dans un intérieur moderne. En général, les bois stratifiés ne sont pas adaptés aux salles de bain et autres endroits sujets à l'humidité et aux variations extrêmes de température. |

# polyvalence

Sous forme synthétique, contreplaquée ou compacte, le bois s'intégrera à votre intérieur d'une façon ou d'une autre. Qu'il soit peint, vernis, coloré, décoloré ou naturel, il peut prendre des aspects divers adaptés à des besoins variables. Le bois présente aussi le grand avantage de compter parmi les rares revêtements qui embellissent avec le temps.

# verre et métal

**FRAGILE** mais solide, opaque ou transparent, le verre est un matériau de contradictions. Et pourtant ces paradoxes lui confèrent la versatilité, la fonctionnalité et la beauté tant appréciées des créateurs. Il en va de même du métal, certains métaux tels que le cuivre étant utilisé pour ajouter une touche de raffinement alors que d'autres, comme l'acier, riment avec travail et fonctionnalité.

# principes

*Le verre coloré peut transformer une fenêtre en œuvre d'art.*

Pour un usage original du verre dans votre intérieur, il est préférable de consulter un spécialiste au préalable. Le verre peut être synonyme d'espace, de raffinement et de beauté, mais il peut être très froid s'il est utilisé seul. Même découpé en formes originales, il ne présente aucun intérêt propre. Or, une association de verre avec une structure et un mobilier appropriés ont plus de caractère et de style que n'importe quelle décoration ou cloison opaque. Un espace plein de vie et de verre, sous forme de fenêtres, portes ou murs, vous permet de tirer avantage de la lumière au maximum et de créer des ambiances différentes.

Il existe plusieurs types de verre, de différents styles et usages. Cependant, ils sont tous dérivés des mêmes matériaux de base, leur composition, épaisseur et revêtement ayant été adaptés en fonction de besoins spécifiques.

*L'utilisation du verre comme matériau de structure vous permet de créer des séparations pratiques tout en augmentant l'espace et la luminosité.*

### ■ INTIMITÉ ET DÉCORATION

Si vous optez pour un verre pour assombrir ou occulter ce qu'il y a de l'autre côté, utilisez un verre gravé à l'acide, poncé ou coloré, partiellement ou complètement. Ces procédés sont également utilisés à des seules fins esthétiques. Vous pouvez également choisir en guise de décoration une fenêtre en verre entre les pièces, un meuble de séparation à bords courbés, biseautés ou encore une fenêtre de verre à petit carreaux.

### ■ PROTECTION SOLAIRE ET THERMIQUE

La composition ou le revêtement de certains types de verre permettent de contrôler le niveau de chaleur et la luminosité, ce qui constitue un moyen avantageux de faire des économies d'énergie.

*Si les murs, les plafonds ou les sols de verres s'avèrent trop onéreux à votre goût, vous pouvez toujours utiliser le verre pour créer un dessus de table d'aspect moderne et pur.*

### ■ PROTECTION SONORE

Les panneaux isolants de verre très épais (tels les doubles-vitrages), le verre laminé et les laminés à haute performance acoustique contribuent à réduire le bruit.

### ■ SÉCURITÉ

Le verre peut être durci ou laminé pour le rendre plus sûr s'il se brise (essentiel avec les enfants).

### ■ RÉSISTANCE MÉCANIQUE

Le verre utilisé dans la construction des escaliers et plafonds doit être très résistant. Certains verres sont élaborés spécialement à cet effet.

### ENTRETIEN

Il est préférable de nettoyer le verre au détergent et à l'eau chaude, ou encore d'employer un matériel spécialement destiné à cet usage. Laissez sécher les sols complètement avant de les utiliser car ils peuvent être très glissants. N'oubliez pas que les plafonds sont plus difficilement accessibles et d'autant plus délicats à nettoyer. De plus, pour faciliter le nettoyage, le verre doit être porté en appui. Consultez un architecte au préalable.

# blocs et plaques de verre

blocs de verre

*Les blocs constituent la séparation idéale pour éviter de perdre de l'espace et de la luminosité.*

De nos jours, les intérieurs sont souvent constitués d'un ou deux espaces polyvalents, où l'on se réunit pour discuter, se détendre, regarder la télévision, lire ou étudier, voire même pour cuisiner et prendre ses repas. Un seul et même espace est donc destiné à plusieurs usages, variables selon les membres de la famille et les différents moments de la journée.

Dans ce contexte, les blocs et les panneaux de verre jouent un rôle essentiel comme séparation et paravent, car ils vous donnent la possibilité de réserver une partie de l'espace à un usage particulier sans pour autant créer un mur compact et perdre en place et luminosité. Ils vous permettront également de faire entrer la lumière naturelle dans d'autres pièces ou couloirs sans renoncer à votre intimité et en conservant les espaces muraux.

Les blocs de verre ont l'avantage de constituer de véritables cloisons susceptibles d'un aménagement personnalisé. Selon les goûts, ils pourront remplir l'espace complètement, du sol au plafond, ou partiellement, jusqu'à hauteur de la taille, tout en présentant un intérêt propre. Il existe de nombreux modèles de blocs, motifs, textures, formes et couleurs variables. La finition, texturée ou à motifs, déterminera l'opacité

*Les grandes fenêtres permettent d'introduire l'espace extérieur et de percevoir davantage les dimensions intérieures.*

*Un escalier de verre, le dernier cri en matière de décoration intérieure.*

du verre et éventuellement le style de la pièce. Du type de verre dépendra aussi la visibilité de l'arrière-plan : claire, déformée ou opaque.

### REVÊTEMENT DE SOL EN VERRE

Ce revêtement est à la fois le plus et le moins spectaculaire. Avec un éclairage approprié, les planchers et les escaliers de verre produisent un effet étonnant. Consultez toujours un professionnel pour le type de verre, tel le verre recuit, chauffé et refroidi peu à peu pour accroître sa résistance, ou trempé, appelé ainsi en raison de son mode de trempage. Tous les sols en verre sont poncés par bandes, ce qui les rend moins glissants.

# miroirs

carrelage en miroir

Les éternelles portes coulissantes ornées de miroirs des garde-robes d'antan ont largement contribué, entre autres choses, à détourner toute une génération du choix des miroirs comme finition. Or leur potentiel est élevé. Dans une pièce, un miroir placé au bon endroit peut transformer l'espace, le rendant davantage ouvert, aéré et vivant. Au XIXe siècle déjà, les miroirs agrémentaient les intérieurs. Les architectes en installaient régulièrement dans les alcôves pour créer une fenêtre ou une voûte factice, et donner ainsi l'impression d'un espace plus étendu.

De nos jours, les miroirs peuvent être utilisés de la même manière, avec une touche de modernité. Leurs qualités réfléchissantes s'allient à la perfection aux intérieurs actuels caractérisés par les structures chatoyantes et argentées, les peintures métalliques ou les touches de chrome. Les miroirs à l'échelle d'un mur vous permettront d'augmenter la perception de l'espace dans les halls, cuisines, salles de bain ou douches de dimension réduite. Vous pouvez aussi installer un miroir derrière un présentoir dans une alcôve ou, dans un style plus traditionnel, placer un ou deux miroirs de grande taille, encadrés de bois ou de métal doré, derrière une table de salle à manger, pour refléter la lueur des

*Plusieurs types de verres créeront un espace à la fois lumineux et spectaculaire, modifiant la perception des limites réelles d'une pièce.*

bougies. Prêtez une attention particulière à ce que vous allez placer devant le miroir. Le reflet compte autant que votre choix en matière d'objet d'art ou de décoration. Assurez-vous aussi que la source d'éclairage reflète des étincelles de lumière et non une lueur aveuglante.

## CARRELAGE EN MIROIR

Utilisées à bon escient, l'effet produit peut être superbe. Fixez de petits carreaux mosaïques sur le pourtour d'une pièce, comme un rail d'appui, ou sur une armoire ou une table sans relief pour les égayer. Quant aux carreaux de plus grande taille, elles donnent un style art déco. De plus, les carreaux en miroir augmentent la perception de l'espace et prennent tout leur éclat avec un éclairage approprié.

*Du verre en miroir recouvrant en grande partie les murs d'une salle de bain de taille réduite allonge la pièce.*

# verre coloré

Traditionnellement associé aux vitres colorées de intérieurs gothiques ou victoriens, ou encore au sempiternel motif de lever de soleil du style Art déco qui agrémente de nombreuses baies vitrées dans les demeures des années 30, le verre coloré trouve de nos jours de nombreuses autres utilisations tout aussi créatives grâce à la variété de produits dérivés disponibles.

Les blocs de verre coloré de toutes sortes peuvent créer un effet radicalement différent de celui des variétés de verre clair plus classiques. Vous pourrez donner des tons différents à un panneau, assurer une complémentarité ou une continuité avec les couleurs d'une pièce et créer d'autres styles ailleurs dans la pièce grâce au jeu de la lumière pénétrant les blocs de verre et se reflétant par endroits sur le plancher et les murs. Les blocs de verre de couleur modifient la perception des choses et leur confèrent aussi une part de mystère.

Il peuvent mettre en relief une fenêtre centrale, de dimension réduite, ou une porte vitrée, ou encore servir à illustrer un thème, tel le style nautique d'une salle de bain. Pourquoi ne pas opter pour une fenêtre de verre ornée

*La couleur donne au verre davantage de qualités décoratives et transforme la lumière en rayons de couleurs éclatants.*

*Les fenêtres de verre coloré sophistiquées sont d'une grande beauté mais leur difficile réalisation sera de préférence confiée à un professionnel.*

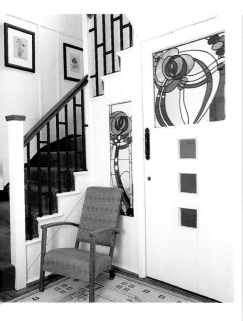

d'un poisson, d'un dauphin, d'un bateau ou d'une sirène ? Un fournisseur de verre local sera en mesure de vous diriger vers un artisan du verre. Vous pouvez également réaliser seul un motif géométrique simple. Il n'est pas nécessaire de vous atteler à une fenêtre de couleur dans son intégralité si cette tâche vous semble trop risquée ou encore la dépense exagérée. Commencez éventuellement par un petit panneau coloré au sommet de la fenêtre.

*Le verre coloré met en valeur une fenêtre de petite taille.*

Si vous préférez ne pas réaliser une fenêtre complète mais avez envie de laisser libre cours à votre créativité, colorez un carreau de manière originale. Ou faites un essai en fixant des morceaux d'acétate coloré sur certains carreaux.

157

# métal : principes

L'or ou l'argent massifs s'avérant souvent trop onéreux, les métaux de base sont souvent polis, coulés
et modelés afin de créer des finitions décoratives.
Les métaux conviennent à la perfection si vous
recherchez un matériau solide, chatoyant et éclatant à la fois. Ils possèdent de nombreuses qualités
réfléchissantes du verre, mais d'une façon plus
subtile.

cuivre

L'éclat brut du métal est de plus en plus apprécié
et utilisé. Il existe de nos jours des entrepôts convertis en appartements de luxe, aux poutres de
structure apparentes dans le séjour.

Les métaux doivent être utilisés en harmonie avec
leur environnement. Leurs divers usages et finitions
potentiels conviennent à chaque logement. Les finitions les plus courantes sont l'astiquage et le polissage
(pour un lustre moins éclatant), la gravure, le déca-
page à la sableuse pour obtenir un granité, le
martelage pour produire un motif ou un granité. Les
métaux peuvent aussi être peints, tels les vieux
meubles de cuisine, mais ils doivent être apprêtés au
préalable.

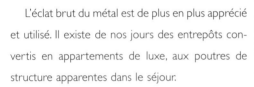

carreau de métal brossé

grille métallique unie

Les métaux les plus courants sont :

■ **LE CUIVRE** Métal non magnétisé de couleur brun
rouge et d'aspect reluisant après le polissage. S'il ternit,
il développe une patine verte. Il est souvent utilisé
comme base pour le placage de métaux (chrome et
argent). Les feuilles de cuivre servent aussi comme
dessus de plan de travail.

feuille à motifs

*Le métal, propre, brillant et
hygiénique, convient aux
cuisines et salles de bain.
Les taches de couleurs
peuvent le rendre moins froid.*

**■ LE LAITON** Alliage de cuivre et de zinc, de couleur jaune pastel à doré foncé selon sa composition. Souvent utilisé pour la finition des détails (meubles de porte).

**■ L'ALUMINIUM** Ce métal gris argent, mou, léger et non magnétisé est utilisé entre autres pour les stores vénitiens et les volets.

**■ L'ACIER INOXYDABLE** Métal fort, brillant, dur et malléable, aux feuilles de différentes tailles, adapté aux finitions des murs et équipements de cuisine.

**■ L'ACIER GALVANISÉ** Acier ou fer recouvert de zinc pour éviter de rouiller si exposé à l'extérieur.

# murs et portes de métal

*échantillons de métal granité*

Étant donné le nombre croissant de bâtiments semi-industriels convertis en logements, le métal devient une finition d'autant plus populaire. Les poutres d'acier apparentes et les escaliers de secours présents dans les entrepôts et lofts incitent tout naturellement à choisir le métal pour d'autres surfaces. Il est surtout utilisé en feuilles fines pour couvrir un autre matériau, comme un plan de travail de bois ou un mur de plâtre. Une touche de chrome, d'acier inoxydable ou d'aluminium donneront du caractère à votre intérieur. Des utilisations potentielles sont illustrées ci-dessous.

*Le carrelage d'acier inoxydable brossé est un revêtement professionnel qui se marie bien avec d'autres équipements de cuisine du même métal.*

## REVÊTEMENTS MÉTALLIQUES

Une feuille d'acier inoxydable fixée derrière un plan de travail se révèle plus originale que les traditionnels carrelages et donne à votre cuisine un aspect moderne, professionnel. La surface polie réfléchit la lumière et son entretien est aisé (nettoyez de temps à autre avec un produit réservé à cet usage). Ce type de décoration convient aux seules cuisines modernes et est à l'évidence inadaptée aux meubles plus rustiques.

## PANNEAUX DE MÉTAL

Si vous avez envie d'innover, l'effet produit par un mur entièrement recouvert de panneaux d'acier inoxydable est garanti. Vous pouvez couvrir un mur derrière une table de salle à manger de trois ou quatre panneaux de grande taille afin de refléter la lumière des bougies le soir, ou choisir un mur face à une fenêtre dans un salon et tirer parti des subtiles variations de couleurs sur sa surface

## PORTES COULISSANTES

Pour créer une véritable finition industrielle, recouvrez une porte coulissante
d'une feuille d'acier inoxydable ou
d'aluminium. Cela lui donnera un air
compact, malgré la légèreté de l'aluminium. L'effet est surtout réussi dans
les cuisines et salles de bain de petite
taille aux équipements d'acier et de
chrome.

# installations et sols de métal

## REVÊTEMENTS

Les revêtements de métal, en général de l'aluminium ou de l'acier galvanisé, sont à la pointe du style
industriel, en raison de leur aspect original, éclatant
et ultramoderne. L'aluminium est beaucoup plus
léger que l'acier, ce qui est avantageux en cas de
pose sur un plancher de bois, et ne rouille pas. Il est
donc indiqué pour les endroits humides. Vous
pouvez opter pour des feuilles ou des carreaux métalliques selon l'effet désiré. Les feuilles doivent être
découpées et percées de trous pour être vissées.
Tous deux seront finis par un motif granité en relief,
tels les motifs sculptés ci-contre, pour les rendre
moins glissants. Outre son coût
élevé, le métal présente toutefois
le désavantage d'être froid et bru-
yant sous les pas.

*Les sols métalliques ne sont
pas nécessairement ternes.
Ici, une combinaison de
carreaux sculptés et lisses
crée une surface à motifs non
glissante, alliant fonctionnalité
et esthétique.*

## INSTALLATIONS

Le métal est adapté aux cuisines et
salles de bain. Les meubles plaqués
d'acier inoxydable ont un aspect
lisse et pur. Une poignée de style
moderne ou un loquet magnétique
ouvre-porte invisible constituent
une finition idéale. En outre, étant
donné les nombreux équipements

carrelage granité pour sol

d'acier inoxydable disponibles dans le commerce, il n'est pas nécessaire de rompre l'harmonie de l'ensemble avec, par exemple, un lave-vaisselle de couleur blanche. L'acier est aussi adapté au revêtement des plans de travail. Hygiénique et facile d'entretien, il apporte de la vie grâce à la réflexion de toutes les sources lumineuses sur sa surface.

*Autrefois d'usage strictement professionnel, l'acier inoxydable se retrouve aussi dans les cuisines modernes.*

Si un style entièrement métallique vous semble trop froid, associez les surfaces métalliques à des meubles plaqués de bois ou de verre (*voir* page 161). Fixez

une poignée ou un bouton de chrome pour rester dans le thème du métal.

### SUPPORTS POUR PLAFOND

Les vastes plans libres avec colonnes faisant fonction de supports pour plafond ou de décoration pourront être recouverts de chrome ou d'acier inoxydable dans un style « hi-tech ».

# associations

Les surfaces de métal et de verre, le der
nier cri en matière de design contem
porain, sont parfaitement adaptées a
l'intérieur moderne, utilisées seules ou er
association. Elles conviennent toutefois aussi au>
intérieurs plus traditionnels, à condition que la fini
tion ou les applications soient adaptées au style de
l'ensemble.

Le métal et le verre s'imposent pour les endroit
fonctionnels, par exemple la salle de bain ou la cui
sine. Pour un style minimaliste, combinez les installa
tions industrielles métalliques simples et les revête
ments de pierre ou de métal ainsi que les brique
apparentes, ou terminez par une couche de pein
ture granitée. La peinture blanche est particulière
ment adaptée. Donnez à l'ensemble un ton moin
froid en peignant un mur ou le devant d'une
armoire dans un ton plus vif. Le cuivre
et le laiton donnent un aspect chaleu
reux. Voir pages 166 et 167 pour la
remise à neuf d'installations anciennes
avec des feuilles de cuivre.

Les blocs de verre conviennen
pour les cuisines, salles de bains e
autres endroits moins fonctionnels. Il
constituent une séparation complète
ou à mi-hauteur entre le salon et la
salle à manger, ou entre cette dernière
et la cuisine. Le sol doit être dur (le

*motif de revêtement
de sol granité*

*Les cloisons de séparation en
verre donnent aux surfaces
pures un design ultramoderne.*

tapis sont contre-indiqués). Le bois ou le linoléum coloré donneront un ton chaleureux. Si vous utilisez des blocs colorés, les murs seront blancs ou clairs, et la lumière filtrée fera office de décoration. Des étagères de verre ou un dessus de table du même matériau parachèveront l'ensemble.

Le verre coloré sera utilisé comme décoration des intérieurs plus traditionnels. Il n'est pas réservé à un style en particulier, par exemple un vestibule d'époque. Pour une demeure ancienne, inspirez-vous de livres et utilisez éventuellement le verre coloré comme point d'ancrage pour la gamme de couleurs de votre décoration. Ne vous laissez pas inhiber par les conventions. À titre d'exemple, les vitraux de la cathédrale de Chichester, datant du XIe siècle, sont l'œuvre du peintre du XXe siècle Marc Chagall.

*Le verre combiné à l'acier donne un effet dépouillé, lumineux et moderne.*

*Une pièce avec du verre et du métal en grande quantité peut gagner en chaleur et caractère grâce à la couleur naturelle et au grain du bois.*

Panneaux de cuivre

# ARMOIRE À PANNEAUX DE CUIVRE

*Pour donner un style plus original aux meubles ternes, fixez un panneau de cuivre sur leur porte. Une feuille de cuivre amolli placée sur la porte de bois avec des plaques de laiton lui donne un ton unique.*

## MATÉRIEL

- Petite armoire à porte de bois plate
- Fine couche de cuivre, découpée selon les dimensions exactes de la porte
- Peinture aérosol
- Paquet de sel de cuisine
- Gants de protection
- Masque
- Chalumeau
- Plaque ornementale de laiton
- Marteau à petite tête
- Petit bouton de porte en laiton

## MARCHE À SUIVRE

- Mesurez l'armoire avec précision et demandez à un fournisseur de métal de couper la feuille de cuivre fin en fonction des dimensions exactes de l'armoire. Il pourra vous aider à choisir l'épaisseur (assez fine pour être martelée et assez épaisse pour ne pas gondoler sous l'action du chalumeau).
- Demandez au fournisseur de passer le panneau au chalumeau ou faites-le vous-même, dans un endroit spacieux et clair, tel le sol cimenté d'un atelier ou d'un garage ; travaillez à bout de bras et

portez des vêtements, des gants et un masque de protection. Posez le métal à plat sur des briques pour le surélever légèrement. Chauffez la surface au chalumeau en le maintenant à une distance de 30 cm du métal. Procédez par à-coups, éloignant le chalumeau lors du passage de la bombe sur le métal ; saupoudrez de sel toutes les minutes environ, pour donner à la finition une patine. Un effet uniforme n'est pas nécessaire. Faites très attention aux éclaboussures lors de l'entrée en contact de l'eau avec le métal chauffé. Passez le chalumeau pendant de courts instants seulement, car le métal surchauffé risque de gondoler.

- Arrêtez quand vous êtes satisfait du résultat ; laissez sécher complètement le métal ; astiquez avec un tissu sec et doux.
- Fixez le panneau sur la porte avec les plaques de laiton à intervalles réguliers.

film adhésif

motif pour pochoir

# PORTE D'ARMOIRE EN VERRE PEINT

*Le verre peint constitue la façon idéale de donner un dessin et un style à vos meubles. Sur la fenêtre d'une salle de bain, le panneau vitré d'une porte ou, ci-dessous, la partie avant d'un meuble, vous pourrez en un tour de main transformer une surface à l'aide d'un aérosol et d'un pochoir.*

## MATÉRIEL

■ *Petite armoire à vitre claire ou panneaux de verre clair dans la porte*
■ *Papier-calque*
■ *Crayon*
■ *Cutter*
■ *Planche à découper*
■ *Film de masquage transparent*
■ *Adhésif léger pour aérosol*
■ *Papier-cache adhésif*
■ *Pot de peinture aérosol*
■ *Masque de protection*

## MARCHE À SUIVRE

■ Choisissez d'abord le motif. Ci-contre, nous avons utilisé une feuille aplatie, dont les contours ont été reproduits sur du papier-calque. Si vous voulez reproduire une illustration de livre, de magazine ou créer un motif propre, le contour doit être assez simple pour permettre le copiage et la découpe.

■ Déposez la reproduction sur papier-calque sur une planche à découper, sous le film de masquage. Découpez ensuite la forme pour pochoir au cutter et rognez les côtés effilochés.

■ Couvrez le bois autour de la vitre de papier-cache adhésif pour le protéger de l'adhésif pour aérosol et de la peinture aérosol. Utilisez l'adhésif léger pour fixer le pochoir sur le panneau de verre. Portez un masque couvrant le nez et la bouche pendant l'utilisation de l'aérosol. Assurez-vous que les extrémités du pochoir adhèrent au verre, de sorte que la peinture ne coule pas en dessous, ce qui abîmerait le motif.

■ En observant les indications du fabricant sur le pot de peinture, projetez une couche de peinture lisse et uniforme sur le pochoir. Couvrez toute la superficie sans vous interrompre, afin d'éviter toute irrégularité dans la finition. Dans le cas présent, l'effet obtenu sera plus réussi après une seule couche de peinture

■ Laissez sécher cinq minutes ; retirez ensuite avec soin le pochoir et le papier-cache adhésif. Il est préférable de réaliser un seul panneau à la fois.

| REVÊTEMENT | APPLICATIONS |
|---|---|
| **GLACE MIROIR** | Les glaces miroir permettent de réfléchir la lumière et d'augmenter la perception de l'espace, tout en étant fonctionnelles dans les chambres à coucher et salles de bain. À utiliser pour couvrir des murs entiers ou des alcôves pour provoquer l'illusion optique d'un espace plus grand. |
| **CARRELAGE EN MIROIR** Carreaux de glace miroir | Moins utilisés de nos jours, ils prennent tout leur éclat avec un éclairage artificiel et peuvent être utiles dans les pièces peu ou pas lumineuses. Ils évoquent certains styles, comme lorsqu'ils sont associés au papier peint criard des années 70. |
| **BLOCS DE VERRE** Blocs de couleurs et de transparence variables | Ils seront par exemple utilisés pour créer une fenêtre dans un mur massif ou pour construire une cloison de séparation sans réduire la luminosité et l'espace. Les blocs colorés créent des taches de lumière colorées dans une pièce lorsqu'ils sont pénétrés par les rayons du soleil et la lumière artificielle. |
| **FEUILLES DE VERRE** Coupées sur mesure, elles varient selon leurs couleur, résistance, et transparence | La fabrication du verre en feuille varie selon le type d'application, des fenêtres aux plafonds, des sols aux cloisons de séparation. Il est indispensable de consulter un architecte, un fabricant ou un fournisseur de verre pour le choix du verre adapté à l'application envisagée. |

| REVÊTEMENT | APPLICATIONS |
|---|---|
| **REVÊTEMENT DE SOL EN VERRE** | À envisager uniquement si vous disposez de l'assistance technique d'un architecte ou d'un décorateur. Ce revêtement très coûteux est utilisé dans les intérieurs modernes, en association avec des cloisons de séparation et des plafonds de verre, pour donner l'impression d'un espace dépourvu de sol, murs ou portes. On utilise en général du verre flottant recuit très épais et traité pour être non glissant (par exemple gravé). |
| **VERRE COLORÉ** Verre soumis à une coloration lors du processus de fabrication | Son effet est garanti sur les fenêtres de grande ou petite dimension. Il est utilisé soit sous la forme de petits carreaux de motifs et couleurs variables soit en feuille d'un ton uni. Les murs de blocs de verre coloré peuvent également être réalisés avec des briques unies, ou encore de différentes couleurs pour créer une cloison de séparation multicolore. |
| **FEUILLES DE MÉTAL** Feuilles de métal, comme l'acier inoxydable ou le cuivre, découpées sur mesure, de calibres et épaisseurs variables | Une fois découpées par un professionnel, elles peuvent être utilisées pour les murs, les revêtements, l'avant des armoires et les plans de travail. Elles sont particulièrement adaptées aux cuisines, auxquelles elles apportent une finition semi-industrielle. |
| **REVÊTEMENT MÉTALLIQUE POUR SOL** Carreaux métalliques à motifs en relief | Étant donné leur aspect général pratique et industriel à la fois, ils sont surtout indiqués pour les pièces fonctionnelles telles que la cuisine ou la salle de bain. Pour leur donner un effet moins froid, vous pouvez combiner les carreaux métalliques sculptés avec d'autres matériaux, comme la céramique ou le linoléum. |

## au seuil du futur

Le verre et les métaux sont les matériaux du futur.
Grâce au développement et à l'amélioration des
processus de fabrication, ils vont gagner en résistance
et flexibilité, étendant ainsi leur champ d'application.
Les murs et plafonds de verre, aujourd'hui réservés
aux intérieurs design, pourraient devenir la norme,
estompant les limites entre l'espace intérieur et
extérieur.

# synthèse

**À PRÉSENT**, vous maîtrisez l'essentiel de la théorie des couleurs et des effets de peinture, et vous avez une idée des différents revêtements et finitions réalisables. Il n'est pas pour autant aisé de passer à une application pratique dans votre propre intérieur. Ce chapitre vous montrera les effets potentiels des différentes finitions dans des pièces précises et vous donnera des astuces pour réaliser votre projet d'ensemble.

# textures

*Améliorez la décoration en donnant de la texture aux murs. Ci-dessus, le motif en relief du manteau de cheminée imite le dessin de la tablette du dessous.*

*Le motif de la coupe de fruits évoque celui des portes de l'armoire, donnant une impression d'uniformité.*

Quel que soit le temps consacré au choix de tissus, de la peinture, du papier peint et des meubles, la pièce paraîtra toujours un peu terne sans textures contrastées. Il est vrai que le terme «texture» est aujourd'hui très à la mode chez les décorateurs, mais une combinaison réussie de textures dans un intérieur a toujours été une composante d'une décoration réussie. L'association de diverses matières (tissus, surfaces et meubles) permet de jouer sur la différenciation et la complémentarité. Même si cette tâche semble – et est – relativement aisée, les pièces sont encore trop souvent unidimensionnelle, évoquant soit la douceur et la délicatesse, soit l'éclat et la froideur.

Pensez aux sensations éprouvées au toucher ou à la vue des matières. Les velours, fourrures, laines et chenilles sont appréciés pour leur chaleur et leur douceur ; les métaux et le verre pour leurs qualités réfléchissantes ; le bois et la pierre pour leur éclat naturel unique. La combinaison, dans une seule pièce, de quelque éléments de chaque catégorie éveillera les sens de la vue et du toucher, et donnera une impression de détente et de confort.

Vous pouvez finir par exemple une chambre à coucher rustique

aux murs de pierre par un élément plus doux, comme un tissu de voile, un tapis de laine ou un rideau de lit, pour équilibrer le tout. Dans une pièce aux tons neutres, aux murs et mobilier unis, les matières seront choisies en fonction de grains, couleurs et textures appelés à trancher sur l'ensemble.

Même pour les intérieurs modernes les plus simples, il est possible de tirer parti de la connaissance des différents effets produits par la combinaison d'éléments chauds et froids, ou mats et brillants. Utilisez par exemple la modernité froide du verre et du métal mais pensez à les compenser par la chaleur du bois naturel. Il en résultera une décoration plus équilibrée et un confort accru.

*Un tissu de voile donne une touche de romantisme à une pièce moderne.*

*L'impression donnée par cet escalier de style industriel de verre et d'acier à usage domestique est adoucie par les tons chaleureux du bois.*

175

# tissus

Dans la plupart des intérieurs, les tissus d'ameu blement confèrent à une pièce des couleurs, de formes et un style. Cela rend le choix final d'autan plus malaisé car dans les faits, la sélection des tissu reflète la personnalité et les goûts, et il s'avère délicat de « s'exposer » de la sorte, d'autant plus s le choix ne s'impose pas comme une évidence. Mai vous pouvez toujours faire un essai avec un coussin avant de recouvrir un canapé ou de confectionne des rideaux pour vous assurer que la couleur e l'imprimé d'un tissu vous plaisent.

*Les tissus d'ameublement peuvent déterminer ou ren-forcer un style. Ici, les motifs animaux s'adaptent aux dimensions de la pièce et à l'ameublement et complètent la collection de masques.*

*Les rideaux roses donnent une impression de douceur immédiate et projettent des ombres chaleureuses vers l'intérieur de la pièce.*

Pensez aux tissus d'ameublement, tapis et rideaux de la même manière qu'au revêtement des murs e aidez-vous des pages consacrées à la théorie de couleurs (*voir* pages 20 à 25) et aux motifs *(voi*

*La combinaison de motifs produira plus d'effet que la répétition d'un motif identique. Ci-dessus, l'association des motifs à fleurs et à rayures donne l'impression que le style est le fruit d'une évolution et non d'une idée de base précise.*

pages 86 à 93) dans votre démarche. Les imprimés sur tissus seront abordés de la même façon que ceux sur papier peint. Un motif de grande dimension surchargerait une surface réduite et deviendrait grandiloquent, alors qu'un motif plus petit se perdrait sur une surface étendue, par exemple sur des rideaux de sol couvrant une grande fenêtre. L'imprimé doit s'adapter aux dimensions de l'espace intérieur et à l'échelle de la pièce, qu'il s'agisse d'une fenêtre, d'un canapé ou d'un lit.

*Le contraste des couleurs et l'association des motifs vous permettent d'utiliser les tissus pour créer une atmosphère accueillante. Faites vos choix en fonction d'un style, traditionnel, ethnique ou moderne.*

Si le choix des coloris pour le tissu est encore incertain, prenez comme modèle d'inspiration l'une des pièces sur lesquelles vous allez devoir travailler. Ou vous avez la possibilité de partir de rien, ou alors vous devrez intégrer dans votre décoration un tapis, un canapé ou encore des rideaux. Parmi ces derniers, choisissez le ton dominant et sélectionnez ensuite des couleurs, en vous aidant de la roue de couleurs page 24, en contraste ou en harmonie avec ce ton dominant. Ainsi, un canapé bleu peut servir de base à plusieurs styles différents : combinez-le à des tons bleus et lilas pour respecter l'harmonie des couleurs ; optez pour une finition aux couleurs plus criardes en le contrastant avec le jaune vif et l'orange, ou encore pour un bleu et

blanc classique, plus particulièrement dans une pièce ensoleillée.

N'ayez crainte d'associer motifs et couleurs. Une pièce peut sembler terne si chaque élément est de ton uni, ou surchargée en cas de répétition d'un motif identique. Encore une fois, il importe de distinguer entre l'échelle et la densité des motifs avant de les associer dans un souci d'équilibre. Ainsi, pour combiner les fleurs et les rayures, associez un tissu à grosses fleurs à fond uni (donc moins chargé) à un tissu à rayures épaisses ayant une couleur commune avec les motifs floraux. Mariez-les avec un tissu imprimé aux motifs plus petits et de couleur similaire. Utilisez la roue (pages 24 et 35) si nécessaire.

*Pour un style moderne, utilisez les tissus d'ameublement avec mesure. Préférez les stores et les tissus simples aux rideaux sophistiqués.*

# choix du style

*Un mélange de styles avec des murs rouges et un cadre de lit décoré traditionnels ; et une chaise et une peinture modernes.*

*Ci-dessous, les diverses finitions créent un intérieur confortable et éclectique.*

Il est toujours préférable de se donner le temps d'occuper un intérieur pendant quelques mois avant de prendre une décision importante en ce qui concerne la décoration. Habituez-vous à vivre dans un espace avant de faire appel à des décorateurs et de commencer à abattre des cloisons.

Lors du choix du style, le type d'architecture d'un immeuble s'avère souvent le meilleur conseiller. Il n'est pas nécessaire de respecter au pied de la lettre le style d'une époque précédente, mais il vous sera par exemple très malaisé de créer un atelier dans un style minimaliste dans une demeure mitoyenne de type

victorien. Pensez à ceux qui partagent votre intérieur. Une décoration chargée, de style victorien, sera-t-elle pratique pour deux bambins et un chien ? Les personnes âgées apprécieront-elles les lignes pures des intérieurs ultramodernes ?

Pour une maison d'époque, il est utile de s'informer sur le style d'origine pour avoir une idée de la décoration du passé. Cet exercice peut se révéler surprenant : une pièce datant des années 1890 peut ne pas avoir été décorée selon le style victorien (sombre, chargé, aux rideaux lourds), car le style Art nouveau était alors en vogue (pièces lumineuses et meubles aux lignes simples).

*Soyez réceptif à l'espace et laissez-vous guider dans vos choix de décoration.*

*Le mobilier aux lignes pures s'adapte à la perfection à la modernité d'un espace de grande dimension.*

*Si les tons neutres du mobilier sont modernes et raffinés, les accessoires et les taches de couleur apportent de la vie à l'ensemble.*

Si l'histoire – riche ou inexistante – d'une demeure se révèle inintéressante, inspirez-vous d'autres époques, lieux ou styles. Le multiculturalisme actuel se révèle d'une grande richesse, mais il importe de conjuguer l'ancien et le moderne sans créer un style trop confus. Choisissez des meubles représentatifs d'un style ; ensuite, vous pourrez donner un ton personnel à une pièce en l'agrémentant d'accessoires de votre choix. Les modes, éphémères, comptent moins que le style, plus durable. Laissez libre cours à votre créativité. Les styles ne doivent pas être respectés fidèlement, même si leur connaissance peut vous être utile.

## STYLES

■ **XVIᵉ ET XVIIᵉ SIÈCLES** : essentiellement bois et tapisseries.

■ **XVIIIᵉ SIÈCLE – GÉORGIEN ET COLONIAL** : style élégant, symétrique ; bois peints et raffinés, teintes claires ; style de fin de XVIIIᵉ siècle : meubles fonctionnels, tissus et couvertures simples, planches jointives.

■ **XIXᵉ SIÈCLE – VICTORIEN** : couleurs sombres, décoration surchargée.

■ **ANNÉES 1890 – ART NOUVEAU** : pureté du style et importance de l'artisanat.

■ **1920–1940 – ART DÉCO** : style hollywoodien avec chromes et laques.

■ **ORIENTAL** : simplicité, meubles bas d'ébène, laque et bambou.

■ **ETHNIQUE** : terre cuite, rotin, étain, textiles et batik.

*Des décorations simples, élégantes et un éclairage tamisé font de ce vestibule un endroit spacieux, chaleureux et attrayant à la fois.*

*L'équilibre entre les murs couverts de tableaux et les meubles simples permet d'éviter la surcharge.*

183

# murs de salons

Le salon est l'espace polyvalent où la famille se réunit pour regarder la télévision, écouter de la musique, lire ou bavarder. C'est à la fois un lieu de détente en soirée et d'activité pendant la journée.

Pour un usage en soirées, créez une ambiance chaleureuse et détendue sous un éclairage artificiel ou à la lueur des bougies. L'orangé, l'ocre brun et les teintes rougeâtres ou le jaune doré s'avèrent idéals en peinture murale ou papier peint, de même que le bois et les briques apparentes, avec un éclairage révélant leurs irrégularités. Une finition plus claire et fraîche s'adaptera davantage à un usage de jour.

Étant donné le succès des espaces non-cloisonnés et polyvalents, la taille de votre salon risque de

Échantillons de revêtements muraux

*L'effet produit par les briques nues tranche sur celui du papier peint traditionnel, mais ces deux styles ont leur charme respectif.*

doubler, pour faire office de salle à manger, de cuisine, voire même de chambre à coucher. Une couleur adaptée à ces divers usages s'impose donc, neutre de préférence. Des paravents serviront éventuellement de cloisons mobiles. Pour un isolement total, optez pour les paravents de bois massif ou de tissu. Le verre translucide donnera un sentiment d'isolement et d'espace à la fois, tout en laissant pénétrer la lumière du jour.

*La mode des espaces non cloisonnés crée une demande pour des murs et paravents mobiles adaptés à un usage différencié.*

# sols de salons

pierres naturelles

*Vous pouvez privilégier le confort, l'esthétique, ou une combinaison des deux.*

Une fois de plus, le choix dépendra de vos goûts et mode de vie. Si vous avez choisi la beauté et la résistance naturelles du bois poli, vos préférences iront aux tapis de laine, chaleureux, raffinés et confortables, ou alors, pourquoi ne pas privilégier une solution intermédiaire, tels les revêtements naturels de fibre comme le sisal et le tapis en coco ?

Ces dernières années, les tapis et les moquettes en particulier, ont connu un déclin de popularité en raison de la préférence pour les revêtements simples et purs. Le succès grandissant des espaces polyvalents non-cloisonnés y est pour quelque chose. En effet, des surfaces dures et pratiques, comme le bois ou le

*Les revêtements naturels comme le tapis en coco sont durables et parfois plus confortables sous les pieds que le bois nu.*

*Un revêtement de bois retient naturellement la chaleur mais, par temps très froid, les tapis sont toujours bienvenus.*

linoléum sont adaptées à l'esthétique d'un séjour et à la fonctionnalité d'une cuisine ou d'une salle à manger.

La combinaison de planchers et de tapis est adaptée au style moderne et traditionnel et permet de jouir de la beauté du bois ainsi que de la chaleur d'un revêtement confortable sous les pieds.

Les revêtements naturels sont une autre solution avantageuse, en particulier si vous avez du mal à vous décider pour la couleur d'une moquette. Le sisal, le tapis en coco ou le jonc donnent un style naturel dans une gamme de couleurs subtiles et s'adaptent, tel le bois, à toutes les décorations. Ils sont très résistants mais se tachent facilement et peuvent s'avérer d'un entretien difficile.

# cuisines

Le style de votre cuisine dépendra de la matière, de la couleur et de la finition des armoires et plans de travail, qui occupent en grande partie l'espace. Prenez le temps de vous informer avant d'investir dans des installations neuves. La cuisine est avant tout un espace de travail et les surfaces doivent y être résistantes et fonctionnelles, mais elle est aussi souvent le lieu privilégié des interactions entre les membres de la famille et avec les invités. Il faut donc éviter d'y créer une ambiance froide, impersonnelle.

Adaptez la cuisine à vos besoins. Si vous ne voulez pas nettoyer à longueur de journée, évitez les plans de travail blancs ou métalliques, les armoires et les tables à portes et dessus de verre ainsi que toute surface salissante.

*Les équipements de cuisine occupent un espace tel qu'ils dicteront inévitablement le style de la pièce.*

Les carrelages sont d'un entretien facile, les lamellés intéressants sur le plan financier et résistants à la chaleur des casseroles et aux coups de couteau. La pierre (granit, marbre ou ardoise) crée une finition plus raffinée sans être d'un prix prohibitif ; pour cela, la pierre doit être coupée finement et dotée d'une double épaisseur à ses extrémités pour simuler la profondeur.

La beauté du bois convient aux plans de travail et installations modernes et traditionnels, mais il est plus délicat que les carrelages ou le lamellé, et plus sensible aux coups et à la chaleur. Le pin sombre est adapté au style rustique et les bois clairs, comme le hêtre ou l'érable, à un intérieur moderne de chrome, de verre et d'acier inoxydable.

*Les plans de travail en bois sont d'un attrait certain. Ils sont toutefois plus difficiles à garder dans leur état d'origine que les lamellés ou les revêtements composites de pierre.*

bouilloire électrique

# cuisines : sols et carrelages

Le sol d'une cuisine peut être fonctionnel sans se révéler pour autant ennuyeux. Bien au contraire. Dans plus d'un cas, le sol étendu de la cuisine est très justement mis à profit pour innover, et vous pouvez vous aussi laisser libre cours à votre créativité, même si vous disposez d'une surface réduite. Dans ce cas, votre budget vous permettra peut-être d'opter pour un revêtement plus onéreux que pour une grande surface.

Les revêtements les plus utilisés pour les cuisines sont les carrelages de pierre, le vinyle, le linoléum et le bois. Prenez soin de choisir un revêtement en harmonie avec les installations. Privilégiez les carrelages

*Fonctionnalité et manque d'éclat ne vont pas toujours de pair. Innovez grâce au métal, au caoutchouc, au vinyle et au linoléum.*

e pierre naturelle ou de terre cuite, et les plan-
hers de lattes en bois pour les installations rus-
ques, alors qu'une finition plus simple sera indiquée
our une cuisine moderne. Le vinyle ne doit pas
tre écarté ; certains fabricants produisent à pré-
ent des imitations de carrelages ou de bois de qua-
té supérieure plus vrais que nature. Le linoléum,
écoupé par un spécialiste selon des motifs origi-
aux, peut aussi créer un effet surprenant.

*Les carrelages, pratiques et faciles à entretenir, sont indiqués pour les murs des cuisines.*

*Laissez libre cours à votre créativité sur une surface réduite. Et vous pourrez peut-être vous permettre un revêtement plus onéreux.*

Les carrelages peuvent transformer vos revêtements. Les morceaux
e petits carreaux mosaïques, très à la
node, sont d'une pose plus aisée que
es mosaïques complètes. Un ton
nique aura un effet chic. Le mélange
léatoire de trois couleurs complémentaires égaiera les installations un
eu ternes.

# murs de chambres

couleurs apaisantes

*Une chambre d'amis simple et élégante. Vous donnerez aisément un ton uniforme à l'ensemble en ornant le mur d'un tissu en harmonie avec la literie ou les tentures.*

La chambre étant l'endroit privilégié pour s'isoler o
se relaxer après une dure journée, évitez de préfé
rence les murs et les tissus trop voyants. Choisisse
des couleurs apaisantes, tels les tons neutres et le
bleus doux, ou chaudes, comme les roses et ocre
bruns, et posez éventuellement un glacis en guis
d'effet de peinture.

La chambre est aussi l'espace personnel pa
excellence où vous êtes libre de donner cours
votre fantaisie. C'est également une pièce moir
visitée et vous pourrez peut-êtr
consacrer un budget plus impor
tant à la finition des murs et au
tissus, ces derniers étant moir
susceptibles de subir les assaut
dévastateurs des vélos pour en
fants et autres jouets.

Le papier peint est indiqu
pour les murs. Si les motifs sor
de deux couleurs au moins, i
vous guideront dans le choix de
tons de la décoration, vous pe
mettant de choisir un ton dom
nant pour les rideaux, les tissus
la literie. Essayez de mélanger
associer différents modèles c
tissus et de papiers peints plut

que de vous fier aux ensembles coordonnés. Même si ces derniers vous faciliteront la tâche, vous éprouverez en fin de compte beaucoup moins de satisfaction.

Si vous envisagez d'installer des armoires encastrées, pensez à l'effet produit par leur partie avant dans la pièce. À moins de pouvoir peindre l'ensemble des murs et armoires dans une seule couleur, une cloison entièrement recouverte d'armoires encastrées dominera la chambre. Les portes ornées de miroirs donneront une impression d'espace et de lumière, si les images sans cesse reflétées ne vous dérangent pas.

*Tirez avantage des finitions murales pour créer une atmosphère plus intime ou une impression d'espace.*

*Les armoires ornées de miroirs donnent l'impression d'une pièce plus spacieuse.*

# chambres d'enfant

*Utilisez des accessoires amusants pour égayer une chambre d'enfant et lui donner un thème.*

*La chambre d'enfant est l'endroit idéal pour donner libre cours à son imagination et sa créativité.*

La réalisation d'une chambre d'enfant, amusante et stimulante, est une tâche sans comparaison avec l'aménagement de celle d'un adulte. La décoration d'une chambre d'enfant vous donne l'occasion de faire ressortir l'enfant qui est en vous et de vous amuser avec les couleurs vives, les pochoirs et les effets de peinture.

Une décoration réussie prendra en compte la rapidité de l'évolution d'un enfant. Sauf si vous êtes en mesure de redécorer et de réaménager la chambre tous les deux ans, il n'est pas inutile de penser à long terme. Il vaut mieux investir dans les accessoires susceptibles de demeurer en place assez longtemps, comme les rideaux, le sol ou le papier peint. Ces derniers seront les plus unis possible afin de s'adapter à l'avenir aux décorations les plus variées. Si les rideaux à dessins vous paraissent une bonne idée à l'instant même, il se pourrait que votre enfant ne les apprécie plus en grandissant. En revanche, les abat-jour et housses de coussins s'avèrent relativement peu onéreux à changer et peuvent être utilisés à des fins plus originales.

Il est également aisé de peindre et refaire les murs. Quant aux pochoirs

eur usage s'impose dans une chambre d'enfant. N'hésitez pas à créer un thème avec des motifs se répétant éventuellement sur des accessoires et jouets ou sur les lits. Les animaux de la ferme, tout comme les cirques, les fonds sous-marins, ou encore un zoo, conviennent à la fois pour les filles et les garçons. Essayez de limiter le nombre de couleurs utilisées, idéalement deux nuances principales, comme le rouge et le jaune, et une couleur supplémentaire, tel le bleu ou le vert. Vous pourrez ensuite reproduire ces couleurs sur les boiseries.

Pour une décoration unique en son genre, essayez par exemple de créer une peinture murale en reproduisant un dessin original. À l'aide d'un rétroprojecteur, agrandissez une image sur le mur pour en dessiner les contours ou, si vous maniez bien le pinceau, tentez une création personnelle. Dans le futur, vous pourrez repeindre en quelques heures à peine si votre enfant le désire.

*D'un point de vue pratique, il est préférable d'opter pour une décoration adaptable en fonction des goûts ultérieurs d'un enfant.*

*Les couleurs vives donnent à la chambre un caractère animé, amusant et enfantin.*

# murs d'entrée

Le hall d'entrée est le premier endroit où accèdent les visiteurs. Par conséquent, si vous êtes d'avis que la première impression est souvent celle qui compte, vous veillerez à le rendre aussi chaleureux et accueillant que possible.

Choisissez vos couleurs en gardant à l'esprit la luminosité et le type d'éclairage de la pièce. De nombreux vestibules, surtout dans les maisons de ville, reçoivent très peu de lumière naturelle, et vous serez peut-être obligé de vous contenter d'un éclairage artificiel. Les murs de couleur claire, censés donner plus de luminosité, se révèlent parfois extrêmement ternes. Or, les couleurs chaudes, tel le jaune doré, peuvent s'avérer très esthétiques avec un éclairage approprié (par exemple des spots à halogènes) ou sous un éclairage naturel.

*Les murs du vestibule doivent être accueillants et peuvent être utilisés pour donner une idée préalable des couleurs d'ensemble de la décoration.*

*La lumière naturelle éclairant la partie supérieure rend l'espace moins sombre. Soyez attentif à l'éclairage si la lumière naturelle n'est pas ou peu présente.*

Une surface murale pratique s'impose, en raison des nombreux coups et éraflures potentiels, surtout avec les enfants. Deux choix s'offrent à vous. Vous pouvez opter pour une surface peinte peu coûteuse, la retoucher régulièrement et la repeindre après quelques années, ou alors pour un revêtement plus résistant. Dans un intérieur traditionnel, vous

pouvez diviser les murs avec une frise murale à mi-hauteur. Vous serez en mesure de choisir un papier ou une finition plus onéreux pour la partie supérieure du mur et une peinture simple et facile à retoucher pour la partie inférieure.

Des lattes jointives, protégées par du vernis ou de la peinture à l'huile, peuvent aussi être fixées sur la partie inférieure. Le bois convient également pour les vestibules des intérieurs modernes.

*Les couleurs vives renforcent l'aspect spectaculaire de cette cage d'escalier à la rampe sophistiquée.*

# sols des entrées

Astiquer et polir un plancher fera ressortir le grain et la couleur naturels du bois.

Un sol doit à la fois résister à l'usure et être esthétique. Choisissez un revêtement susceptible de conserver un bel aspect avec le temps.

Le sol du vestibule est parfaitement adapté à la réalisation de motifs décoratifs audacieux, pour autant que vous choisissiez une surface pratique. N'oubliez jamais que le hall et la porte d'entrée constituent une ouverture sur l'extérieur et en subiront les conséquences. Le sol devra pouvoir résister aux hôtes indésirables et inévitables que sont les feuilles, le gravier, la saleté et la poussière.

Voilà pourquoi les moquettes onéreuses sont souvent dédaignées au profit de surfaces d'un entretien plus aisé, telles que les carrelages de céramique et de pierre ou les planchers de bois. Un intérieur fonctionnel n'est pas nécessairement terne. Consultez les chapitres sur le bois et les carrelages au sujet des nombreux matériaux d'intérêt disponibles sur le marché.

La confiance en soi est l'élément clé pour un sol esthétiquement réussi, et pas seulement satisfaisant. Les sols les plus beaux ont des couleurs et motifs accrocheurs. Dans le hall, vous pourrez au mieux faire preuve d'audace dans vos finitions. Il est non seulement le premier endroit fréquenté par les visiteurs (et parfois le seul) mais également un lieu

*Le caractère naturel et la beauté du carrelage de céramique conviennent parfaitement aux anciennes demeures citadines.*

carreaux de pierre naturelle

de va-et-vient incessant. Alors que dans une pièce où l'on a l'habitude de prendre ses repas, se détendre ou dormir, un sol trop original semble parfois écrasant et trop stimulant, il peut se révéler splendide dans un hall.

*La pierre naturelle crée un style rustique et massif.*

Puisez votre inspiration dans le style de votre maison et la taille de votre vestibule. Vous pouvez aussi tenter de réaliser des motifs sur des blocs de bois poli, recréer un majestueux hall d'entrée victorien avec des carreaux de céramique ou imiter les dalles de taille démesurée des manoirs. Quel que soit votre choix, le résultat sera inimitable.

# salles de bain

carreau à motifs

carreau de céramique uni

bloc de verre

Ces dix dernières années, le mobilier de couleur pour salle de bain est tombé en désuétude et beaucoup considèrent à présent la porcelaine blanche comme un *must*. La salle de bain ne doit pas pour autant sembler froide et clinique, et il est conseillé d'utiliser les murs et les carrelages pour donner à la pièce un peu de couleur, de forme et d'intérêt.

La salle de bain est le point de rencontre constant du neuf et de l'ancien. N'hésitez donc pas à y associer les blocs de verre aux surfaces d'acajou, ou encore les motifs mosaïques aux vieux objets victoriens.

Pour un effet classique, rien de tel que le carrelage blanc, surtout posé comme des briques et surmonté

*Le carrelage et le verre apportent une touche colorée et élégante à un espace quelque peu impersonnel.*

d'une bordure de carreaux de couleur. Pour un style ancien, il existe de nombreuses reproductions de carrelages d'époque. Certains fabricants actuels produisaient déjà des carreaux au début du XXᵉ siècle et ressortent de vieux modèles.

Les carrelages blancs ornés de quelques carreaux de couleur conviennent aussi aux salles de bain modernes. Préférez les carreaux simples ou les carreaux de couleur aux motifs floraux tarabiscotés.

Le verre fera office de séparation, par exemple entre la douche et le reste de la pièce, sans pour autant atténuer la sensation d'espace et de luminosité.

*Le carrelage blanc représente la finition idéale pour une salle de bain où se conjuguent l'ancien et le moderne.*

*Les murs bleu froid et la porcelaine blanche donnent un style vif et frais à cette pièce.*

## confiance

Vous aurez accompli un pas de géant en décoration d'intérieur si vous vous sentez assez sûr de vous pour associer les surfaces, les finitions, les meubles et les tissus. La plupart des fabricants fournissent des échantillons en guise de modèles, mais c'est à vous que le résultat final devra plaire. Chacun désire un intérieur en accord avec sa personnalité. Alors, pourquoi faire comme tout le monde ?

# index

# fournisseurs

## PLÂTRE

PLÂTRE ET STAFF WEREY

www.werey.fr

Tél : +33 (0)3 89 77 31 71

*Staff, stuc, faux plafond, moulure corniche, gypse, colonne.*

## REVÊTEMENTS MURAUX

SENIDECO

www.senideco.com

Tél : +33 (0)4 91 66 66

*Pochoirs, peinture décorative, glacis, cire, isolant thermique et papier peint liquide.*

TEXDECOR

www.texdecor.com

Tél : +33 (0)3 20 61 77 17

*Revêtements muraux techniques.*

## PEINTURE

AVI

www.peintures-avi.fr

*Gamme de teintes et de couleurs mat, brillant, satin, laque.*

LAFARGE

www.lafarge-peintures.fr

Tél : +33 (0)1 41 27 62 00

*Peintures brillantes, demi-brillantes, satinées, mates, systèmes de décoration murale.*

DURALEX

www.duralex-peintures.fr

Tél : +33 (0)1 48 91 95 49

*Aqueuses, imperméabilisation, primaires et antirouilles, peintures de sol, vernis.*

SEIGNEURIE

www.seigneurie.tm.fr

Tél : +33 (0)5 62 72 78 78

*Peintures mates, satinées, laques mates, brillantes et satinées, vernis.*

BETONEL

www.betonel.com

Tél : +1 (514) 273 88 55

*Apprêts scelleurs, couches de fond, peinture d'intérieur et d'extérieur, émaux antirouille.*

# fournisseurs

*Tuiles et dalles d'aggloméré de quartz, pour le carrelage de planchers et de murs.*

SICO

www.sico.com

Tél : 1 800 463-SICO

*Peintures, protecteurs, vernis, teintures, glacis.*

## CARRELAGES

FAUVEL CARRELAGES

www.fauvel.fr

Tél : +33 (0)2 33 56 83 31

*Carrelage en terre cuite, des carreaux de cuisine, salle de bains et des sols.*

OSET-DECOSTYL

www.oset-decostyl.fr

Tél : +33 (0)5 57 98 18 20

*Carrelage, plinthes, listels et pièces complémentaires en céramique.*

GRANIREX INC.

www.granirex.com

Tél : +1 (418) 338 8567

## BOIS

TLB Bois et Dérivés

www.tlb-soria.com

Tél : +33 (0)1 39 35 43 43

*Contreplaqués, agglomérés, MDF, fibres, mélaminés, plastiques, lambris et parquets.*

BOIS SELECT

www.fortune1000.ca/bois-select/

Tél : +1 (418) 847 0661

*Lamelles de bois brut P.G. et des planchers prévernis.*

## VERRE

VERRE IMAGINATION GLASS

www.verre-imagination.com

Tél : +1 (450) 679 5624

*Verre texturé, dépoli, trempé, laminé, fusionné et courbé.*

## MÉTAL

COS METAL

http://perso.wanadoo.fr/marc.pellisier

Tél : +33 (0)4 73 61 67 60

*Tôlerie, charpente, bardage, ferronnerie, escalier, portails.*

# remerciements

*L'éditeur remercie les entités suivantes pour avoir fourni les photographies :*

**Calvey Taylor-Haw** pour la photographie ;

**Paul Allen** pour la mise en place et la réalisation des projets ;

**Sussex Wall & Floor Tiling Ltd.**, Hove ;

**King's Framers,** Lewes ;

**Bright Ideas,** Lewes ;

**Mark Jamieson.**


## Crédits photographiques

*L'éditeur a essayé de contacter tous les détenteurs de droits d'auteur et d'en obtenir l'autorisation correspondante. L'éditeur tient à s'excuser pour toute omission et reste ouvert à introduire les changements nécessaires dans les éditions ultérieures.*

**Abade** 6b. d. y 40b. d., 7 y 127., 8h., 10h. g., 12b., 14h., 16b., 18b., 19h., 25h., 25b., 27h., 27b., 39h., 40b. d., 45h., 48b., 49b., 50b., 51h., 51b., 61h., 62b., 67b., 69h., 70b., 91h., 92b., 93h., 106b., 112b., 114b., 117b., 127, 128b., 132b., 133h., 134b., 135, 136b., 137h., 138b., 139h., 140h., 140b., 141h., 141b., 150h., 151h., 157h., 159h., 163h. d., 164b., 165b., 174h., 175h., 175b., 178h., 180h., 180b., 181b., 183b., 184b. g., 184b. d., 191h., 193h., 195h., 195b., 196h., 196b., 197, 199b., 200b., 201h., 201b.

**Ceramics of Distinction** 104b., 105b., 105h., 108b., 109b.

**Corbis** / Michael Boys 71b. / Tommy Chandler-EWA 46h. / Rodney Hyett-EWA 154b.

**Dulux** 6b. g., 15c., 20b., 21b., 24c.

**Fired Earth** 107h.

**Graham & Brown** 82b., 83h., 83b. d.

**Harlequin** 80b., 86b., 87h., 88b., 89h., 177h., 179h., 185., 186b., 192b.

**House & Interiors** 14b., 38b., 65h. / Roger Brooks 63h., 113h., 128h., 153h., 161b., 194b., 198b. / Simon Butcher 23h., 36b., 176b. / Ed Buziak 126b. / Chris M. Evans 156b., 176h., 181h. / Jake Ficzjones 42h. g., 152b., 153b., 161h., 163b., 165h. / Michael Harris 117h., 187b. / Steve Hawkins 49h., 84b., 91b., 150b., 157b., 178h. / Nick Higgins 24b., 37h. g., 187h. / David Markham 183h. / Gwennan Murphy 71h. / Steve Sparrow 90b. / Verne 17h., 43b., 66b., 68b., 85, 155b., 182, 193b.

**Ikea** 8b., 131b.

**Metal Kitsch** 9b., 158, 163h. g.

**Ocean** 160b.

**Original Style** 102b., 110b., 111h., 115h.,199h g.

**Sanderson** 89b.

**Mark Wilkinson Furniture** 174b.